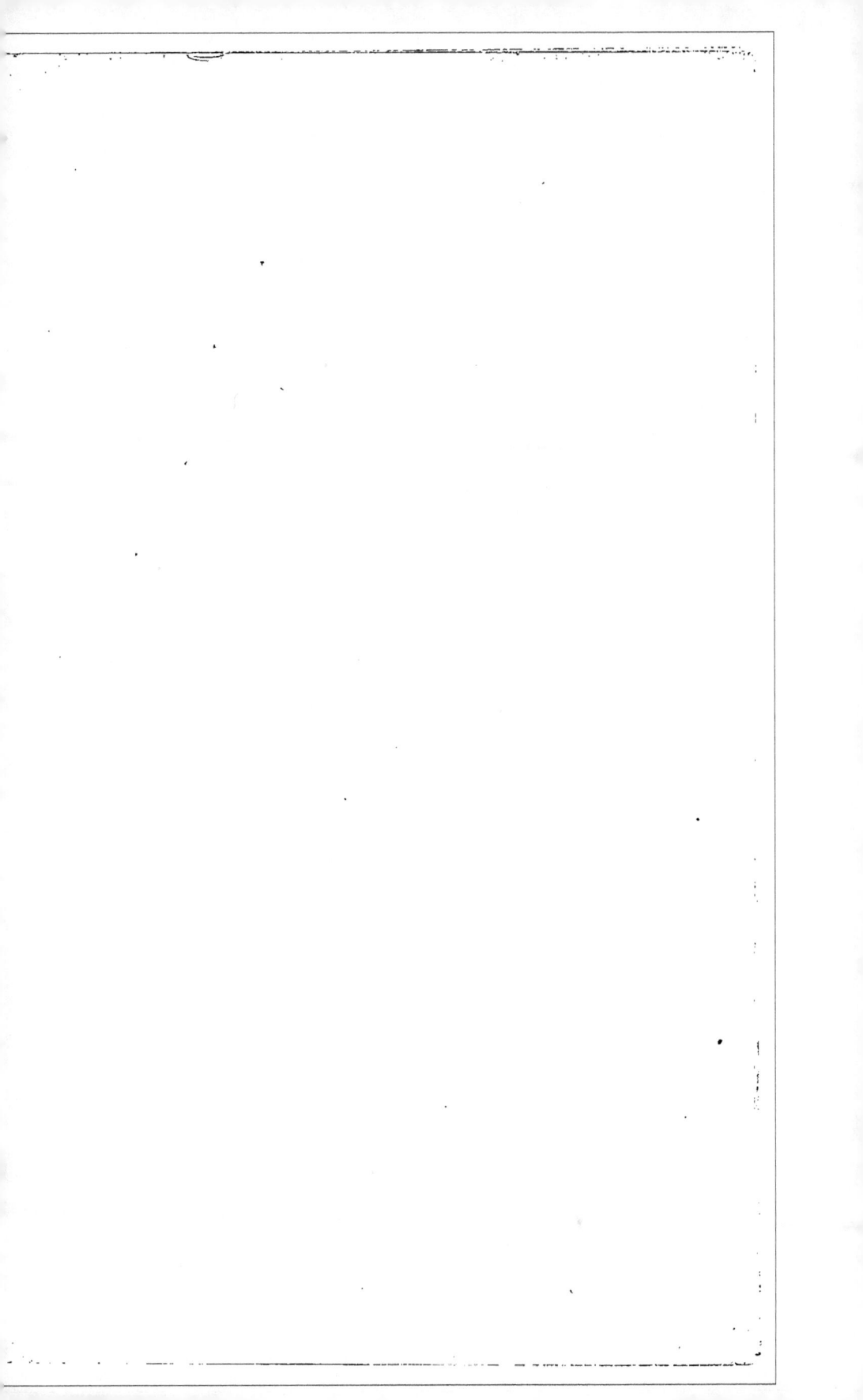

LE DOUTE LÉGITIME

SUR

L'APPARITION MIRACULEUSE

DE LA TRÈS SAINTE VIERGE

A DEUX BERGERS DE LA SALETTE

PAR

M. H. BERNIER

chanoine titulaire de la cathédrale d'Angers

« Il faut savoir douter où il faut, assurer où
» il faut, se soumettre où il faut. »

(Pascal., *Pensées*).

———◦◦◦———

ANGERS

IMPRIMERIE DE COSNIER ET LACHÈSE

—

1859

TABLE ANALYTIQUE.

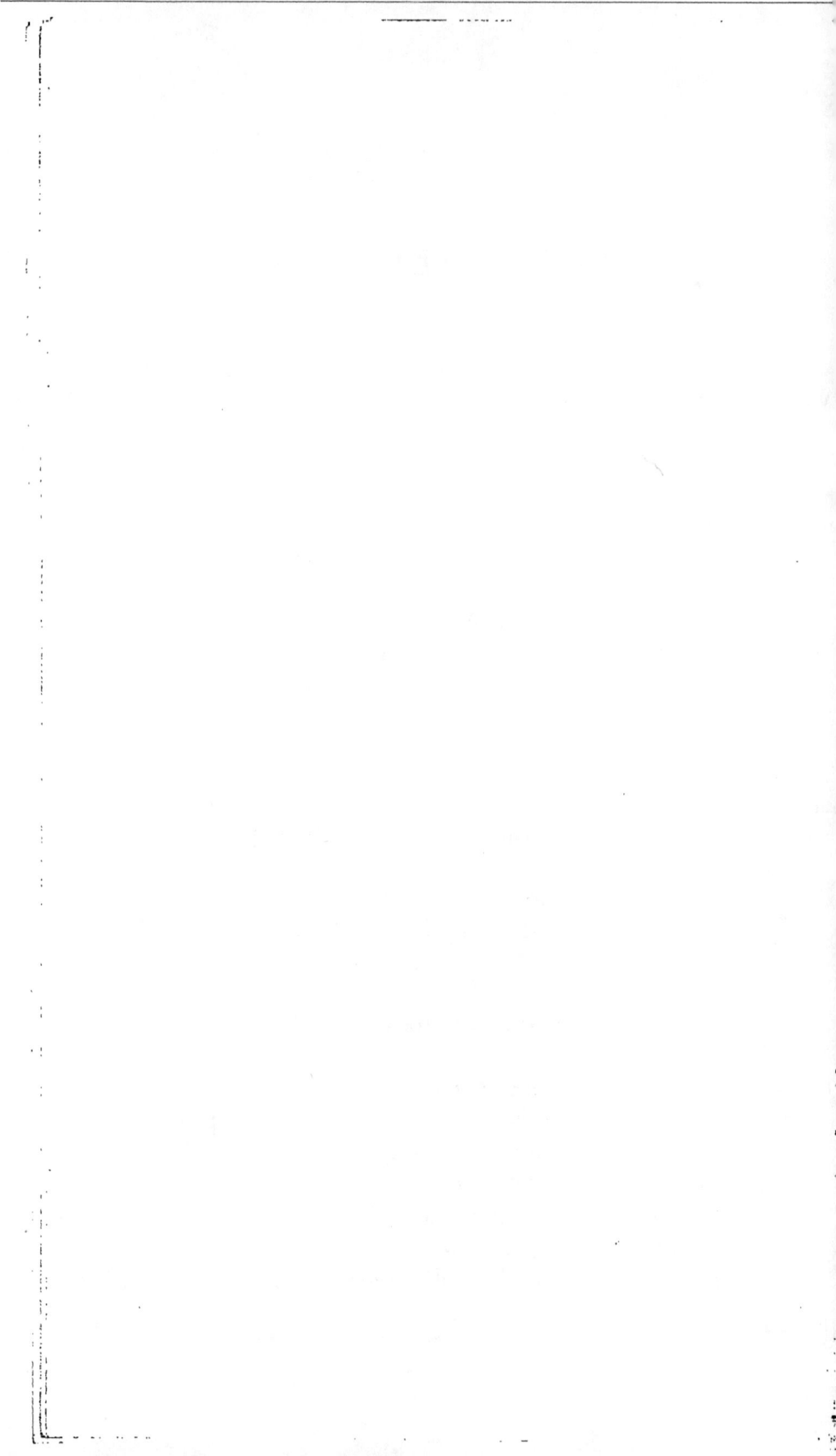

AVANT-PROPOS.

Le titre seul de cette petite dissertation, bien qu'il ne soit ni tranchant ni affirmatif, est de nature à causer beaucoup d'émotion, et à susciter contre nous des préventions, des murmures et des calomnies, dans une classe de catholiques moins judicieux peut-être que zélés et fervents, très avides de nouveautés merveilleuses, et pour qui la dévotion à la Salette est devenue comme une seconde religion. De plus, une nouvelle discussion sur l'apparition de la très sainte Vierge, ne peut que déplaire à tous ceux qui se sont prononcés en faveur du miracle, quelque soit le degré de sagacité et de maturité qu'ils ont apporté à l'examen de la question; car il en coûte toujours beaucoup, même à l'homme vertueux, de tolérer la contradiction sur une opinion qu'on a ostensiblement adoptée.

Ces considérations ne suffiraient point pour nous empêcher de donner à notre travail une grande publicité. Qui donc oserait soutenir qu'elles nous imposent l'obligation de garder le silence sur la Salette, et de concentrer nos convictions en nous-même ou dans le cercle de nos relations intimes? S'il en était ainsi, Dieu aurait

placé la vérité ici-bas dans une condition trop désavan-
tageuse et, ce semble, peu digne de lui. Car il s'ensuivrait que cette-fille du ciel ne peut plus être légitimement
défendue en public, du moment que l'erreur a trouvé
des partisans nombreux dans une classe respectable par
ses principes ou par ses lumières.

Mais des pensées plus sérieuses, des considérations
mieux fondées nous ont décidé à restreindre l'édition
dans les plus étroites limites, et à no pas la mettre en
vente : une publication ordinaire serait peut-être jugée
sévèrement, comme inopportune, par des hommes graves, même parmi ceux qui partageraient d'avance notre
manière de voir. D'un autre côté, la malveillance ne
manquerait pas de nous accuser de faire du scandale
à propos d'un miracle, et de venir, dans le but de faire
prévaloir nos idées personnelles, fournir des armes à un.
scepticisme railleur. Nous ne faisons donc imprimer que
cent vingt-cinq exemplaires, qui seront envoyés à nos
SS. les archevêques et évêques de France et à quelques
personnes de notre choix. Nous pensons qu'on ne fera
pas un crime à un prêtre de livrer ses convictions, en ce
qui intéresse l'honneur de l'Eglise et le progrès de la foi,
à l'examen de ceux qui sont ses juges et de ceux qu'il
reconnaît volontiers pour ses maîtres. Du reste, nous
avons hâte de leur donner deux explications, sans lesquelles ils pourraient se croire fondés à dédaigner ce
petit écrit :

1° Ils n'y trouveront pas un mot qui puisse autoriser
un langage ou un jugement irrespectueux, à l'égard de
la dévotion à Notre-Dame de la Salette, telle que l'autorité compétente l'approuve. Il y a plus : nous n'avons
même pas entrepris de prouver la fausseté de l'apparition

miraculeuse, et la discussion du fait ne tend qu'à montrer qu'il manque de preuves solides.

2° Nous nous sommes proposé un tout autre but que d'ébranler la conviction de ceux qui croient à la miraculeuse apparition du 19 septembre 1846. Cela ne peut avoir à nos yeux qu'une minime importance. Mais, à l'occasion du fait lui-même et de la dévotion qui s'y rattache, on a vu, et l'on voit encore tous les jours, se produire une confusion d'idées qui obscurcit le véritable enseignement de l'Eglise, et une exagération de doctrine on ne peut plus compromettante. Il importe beaucoup de ne pas laisser peser, sans contradiction et sans désaveu, sur la responsabilité de l'Eglise, des témérités dont ses ennemis ne savent que trop bien se prévaloir contre elle.

Il importe en particulier, au culte si éminemment chrétien et si consolant de la Reine des cieux, de la Vierge immaculée, de n'être pas exposé à la dérision, par les déviations et les excès du faux zèle.

Nos lecteurs savent déjà, s'ils ont daigné prendre connaissance de cet avant-propos, sous l'empire de quelles pensés et dans quelles intentions nous avons développé cette triple proposition, qu'ils trouveront, nous osons l'espérer, suffisamment modeste : un catholique judicieux... un catholique soumis d'esprit et de cœur à l'autorité de l'Eglise. . un catholique sincèrement pieux envers Marie, peut se refuser à croire que la sainte Vierge est réellement apparue, le 19 septembre 1846, à deux jeunes bergers de la Salette.

LE DOUTE LÉGITIME

SUR

L'APPARITION MIRACULEUSE

DE LA TRÈS SAINTE VIERGE

A DEUX JEUNES BERGERS DE LA SALETTE.

> « Il faut savoir douter où il faut, assurer où
> » il faut, se soumettre où il faut. »
>
> (PASCAL., *Pensées*).

PREMIÈRE PARTIE.

Le samedi, 19 de septembre 1846, vers trois heures de
l'après-midi, un fait extraordinaire et fort étonnant avait
lieu sur un plateau des montagnes de l'Isère, nommé *les
Baisses*, dépendant du village des Ablandins, commune de
la Salette, au canton de Corps. Deux jeunes pâtres, Mélanie
Matthieu et Maximin Giraud, s'étant endormis sur les bords
d'un ruisseau nommé la *Sézia*, après y avoir pris leur repas,
furent, à leur réveil, étonnés, effrayés même, en voyant
assise, sur un monceau de pierres, une dame très brillante
qui vint à eux, les rassura avec bonté, leur dit, de la part
du ciel, des choses qui intéressaient la religion, les chargea
de les redire à son *peuple*, excepté deux secrets différents
qu'elle confia à chacun d'eux en particulier, puis, ayant fran-
chi le ruisseau et fait encore quelques pas, disparut tout
d'un coup, avec des circonstances étonnantes. Les deux enfants racontèrent le fait, le soir même, à leurs maîtres, et le
lendemain matin, au curé de la Salette, qui ne douta nulle-

ment que la belle dame ne fût la très Sainte Vierge, et qui stupéfia ses paroissiens, en leur parlant de l'apparition miraculeuse et des paroles menaçantes transmises par Maximin et sa compagne. Il est de la plus complète notoriété qu'il partit le soir même pour Grenoble, que, le lundi, il fut reçu à l'évêché, et que, le mardi, le vénérable évêque, Mgr de Bruillard, vieillard plus qu'octogénaire, raconta à deux cents religieuses institutrices de paroisses rurales, réunies pour une retraite, les terribles annonces que, par l'organe de Marie, le ciel venait de faire au monde, si les profanateurs du saint nom de Dieu et du dimanche ne se convertissaient pas.

Telle est, incontestablement, l'origine du pèlerinage de la Salette, et d'une dévotion qui a pris, dans l'espace de douze années, des proportions gigantesques et dont le succès semble aller toujours croissant. Nous conseillons à nos lecteurs d'étudier eux-mêmes, avant d'entrer avec nous dans l'examen du fait principal, quelques pièces justificatives, que nous avons cru devoir renvoyer à la fin du livre. Nous les avons données telles qu'on les trouve dans les écrits des plus zélés propagateurs de ladite dévotion, notamment dans ceux de M. l'abbé Rousselot. C'est sur ces pièces que nous avons calqué notre histoire hypothétique de l'apparition.

Avant la fin d'octobre, M. Chambon, actuellement vicaire général et, pour lors, supérieur du petit séminaire, avait, assisté de trois de ses collaborateurs, visité et interrogé les petits bergers; son rapport présente le récit de ces deux témoins d'une manière tout à fait identique, pour le fond et pour la forme, à très peu de chose près, à celui qu'on peut lire aux pièces justificatives, lequel a été seul authentiquement reconnu. Deux commissions instituées par Mgr de Bruillard ayant donné, le 15 novembre, deux rapports d'où l'on ne peut rien conclure ni pour ni contre la réalité du miracle, une autre commission fut nommée. Après avoir entendu un rapport de MM. Rousselot et Orcel, commissaires chargés par ordonnance épiscopale, du 17 juillet 1857, de procéder à une enquête, cette commission s'est prononcée, à une forte majorité, pour la réalité de l'apparition miraculeuse. Mgr de Bruillard et son successeur Mgr de Ginouillac, ont solennellement reconnu le miracle et approuvé la dévotion. Par un

bref du 7 septembre 1852, Sa Sainteté Pie IX a érigé en archiconfrérie, avec de grands priviléges, *la pieuse association
de Notre-Dame réconciliatrice de la Salette.*

C'est en présence de ces faits et avec ces documents que
nous voulons, non pas démontrer que le miracle de la Salette
est faux, non pas, et encore bien moins, provoquer des mépris contre la dévotion à Notre-Dame de la Salette, mais établir solidement cette triple proposition : ni le bon sens, ni le
devoir de soumission à l'Eglise, ni la piété envers Marie, ne
nous obligent à reconnaître comme vraie l'apparition miraculeuse de la Sainte Vierge aux bergers de la Salette.

A l'appui de la première proposition, nous développons
une hypothèse qui rappellera nécessairement l'accusation
portée contre Mlle de Lamerlière. C'est un devoir pour nous
de déclarer que nous n'avons point l'odieuse intention de
donner un degré quelconque de vraisemblance à cette accusation, et qu'il est loin de notre pensée d'appliquer notre
hypothèse à cette respectable personne. Il suffit pour notre
thèse que notre hypothèse ne soit pas absurde; nous n'avons
nul besoin d'en faire l'application à telle ou telle dame ou
demoiselle.

Une de ces personnes, comme il y en aura toujours,
qui portent le sentiment religieux jusqu'au fanatisme, dont
l'âme ardente se passionne pour ses propres pensées, et dont
le caractère, hardi jusqu'à la témérité, s'exalte ou s'étourdit
en présence des périls et des obstacles, conçoit, médite, pré-
pare, pour la plus grande gloire de Dieu et de la Sainte
Vierge, et pour le salut des âmes, le projet d'une audacieuse
imposture. Ce projet, elle l'exécute dans des circonstances on
ne peut plus favorables, avec autant d'adresse que de résolution. Elle obtient, par elle-même et d'emblée, un succès complet sur deux jeunes pâtres, enfants grossiers, sans culture
aucune et qui ne connaissent que leurs montagnes sauvages.
La bonne foi de ces enfants, qui ont été profondément impressionnés, la concordance de leur récit et la naïveté de
leurs réponses, propagent naturellement l'illusion et la trom-
perie; et dès le début, le triomphe de l'imposture est assuré
par la crédulité empressée et fort peu circonspecte de ceux
mêmes dont elle devait redouter l'examen judicieux et le sévère contrôle. Telle est, en résumé, notre histoire de l'appa-

rition prétendue de la très Sainte Vierge sur la montagne de la Salette. Voici maintenant les détails.

La personne dont nous avons dépeint plus haut les dispositions habituelles et le caractère, se préoccupait, depuis longtemps, de l'inefficacité des efforts tentés, avec autant d'unanimité que de persévérance, par les pasteurs, pour détruire trois grands désordres : la profanation du dimanche, le blasphème, la violation de l'abstinence. Il lui vint un jour en pensée qu'il fallait faire parler le ciel lui-même, puisque l'impuissance de toute voix humaine était devenue manifeste. Oh! si la divine Marie, dont le nom est si vénéré encore et si cher, même aux yeux des chrétiens infidèles, daignait se montrer sur la terre, ne fût-ce qu'un instant, pour y prêcher le repos du Seigneur, le respect du saint nom de Dieu et l'obéissance à l'Eglise! Que de pécheurs se convertiraient! Quel nouveau triomphe pour la Reine des cieux et pour la religion! Mais ce que Marie ne fait pas, si les hommes croyaient qu'elle l'a fait, le résultat ne serait-il pas le même? Un chrétien bien convaincu qu'elle est apparue en personne pour recommander ces trois préceptes et pour menacer la nation qui les viole, pourrait-il encore les enfreindre sans crainte et sans remords? Quelle heureuse et bienfaisante erreur! Que d'âmes on arracherait à l'enfer si on parvenait à l'accréditer, et que d'hommages glorieux on procurerait à Marie!

C'est ainsi que la pensée d'une apparition simulée entre dans cette tête ardente et s'y établit à l'état d'idée fixe; bientôt elle se transforme en divine inspiration, et les suggestions d'une imagination échauffée sont prises pour la voix de Dieu qui parle à l'intérieur. Il n'est pas jusqu'à la sainte Écriture, arbitrairement interprétée, qui ne fournisse à ce fanatisme des prétextes et une nouvelle excitation : l'hôtesse de Jéricho ne viola-t-elle pas les règles ordinaires de la sincérité pour sauver les espions du peuple Israélite? Judith ne trompa-t-elle pas Olopherne par ses discours et par ses procédés? Ces exemples, auxquels on en pourrait joindre d'autres, ne prouvent-ils donc pas que des tromperies entreprises pour la gloire de Dieu, et sous la conduite de Dieu, sont, non-seulement innocentes, mais louables et méritoires? Ne prouvent-ils pas que le Seigneur aime à se servir quelquefois des

femmes pour opérer des choses extraordinaires? Malheur à
une âme lâche qui reculerait devant une si noble mission !

Voilà donc une héroïne que l'enthousiasme élève beaucoup au-dessus des faiblesses de son sexe, disposée à tout
entreprendre, à surmonter toutes les craintes et à braver
tous les périls. Faut-il se résigner à des fatigues? Elle ne
manque ni de vigueur ni de souplesse. Elle se sent de la résolution, du sang-froid, de l'adresse. Dieu lui a donné une
grande facilité à s'énoncer, une figure avantageuse, une taille
imposante. La Providence l'a préparée tout exprès pour repré-
senter la Sainte Vierge... Il n'y a plus à balancer; sa résolution est prise; et il ne s'agit plus que de se fixer sur les
moyens d'exécution...

Que n'a-t-elle une petite partie seulement de la puissance
de Marie! Il lui serait facile de faire illusion à une assemblée
nombreuse, et elle profiterait de quelque grand concours,
pour y paraître avec éclat et y jouer solennellement le personnage de la Reine des cieux. Mais réduite aux ressources
d'une industrie tout humaine, livrée à elle seule et ne voulant avoir ni complice ni confident, elle comprend qu'elle ne
réussirait pas à tromper des personnes clairvoyantes, réflé-
chies, calmes et disposées à examiner de près toute exhibi-
tion extraordinaire; qu'en s'adressant à de pareils témoins,
elle n'aboutirait qu'à se compromettre elle-même en compromettant l'œuvre que Dieu lui inspire et lui confie; qu'en conséquence elle ne peut simuler une apparition de la Sainte
Vierge que dans quelque lieu solitaire et en présence de témoins d'une grande simplicité et faciles à étonner, à impressionner et surprendre. Bientôt elle se rappelle que, sur les
versants des montagnes voisines, il y a des plateaux et des
vallons plus ou moins accidentés, où ne se montrent presque
jamais que de jeunes pâtres, qui viennent y garder quelques
pièces de bétail. Voilà précisément les lieux qui lui conviennent; voilà les témoins auxquels elle peut se montrer avec
l'espoir de les fasciner et de leur faire illusion, d'autant
qu'elle connaît les habitudes et le genre de vie des montagnards et qu'elle parle passablement leur patois. Si elle parvient à les tromper et à les bien convaincre qu'ils ont vu et
entendu la Sainte Vierge, leur simplicité même et leur candeur
garantiront leur sincérité ; les difficultés pour une dame d'a-

border sur ces hauteurs, par des sentiers difficiles et dangereux, en échappant à tous les regards ; l'étrangeté d'une pareille
ascension et la témérité même de l'entreprise : tout à la fois
se réunira pour accréditer le bruit d'une apparition véritable.
N'y eût-il, après tout, qu'un petit nombre de croyants, n'y
eût-il que deux ou trois conversions, c'est assez pour justifier
l'entreprise et pour agir avec intrépidité. Que ne ferait-on
pas pour sauver une seule âme !

Voilà maintenant notre héroïne qui s'ingénie à inventer un
costume propre à frapper des imaginations toutes neuves et
entièrement étrangères à ces spectacles variés qui blasent de
si bonne heure l'habitant des villes. Elle le confectionne de
ses propres mains. Elle n'en revêtira les principales pièces
qu'au moment qui précédera l'apparition. Pour les porter avec
elle, elle n'a nul besoin d'un vaste carton ; les guirlandes de
roses, le tablier jaune, le merveilleux bonnet et l'écharpe plus
merveilleuse encore, formeront un simple paquet, qui ne sera
ni trop volumineux ni trop lourd. Car il ne s'agit pas d'aller,
dans un bal, exhiber, au milieu d'impitoyables rivales, une toilette irréprochable ; il s'agit d'impressionner vivement de
pauvres bergers, par une toilette extraordinaire et d'un grand
éclat.

Affermie de plus en plus dans sa résolution, munie de son
costume féérique et d'un peu de pain (car elle veut étudier
les circonstances et ne risquer l'apparition que quand elles
lui sembleront tout à fait favorables), elle traverse nuitam-
ment la commune de Corps ; dès la première aube du jour
elle atteint le village de la Salette, et elle devance tous les
bergers sur le versant appelé *les Baisses*. Là, comme un
chasseur à l'affût, elle se poste dans un lieu d'où elle puisse
observer ce qui se passera sur le plateau, sans être elle-
même aperçue. Bientôt elle voit arriver successivement un
petit garçon et une petite fille qui conduisent des vaches.
Voilà bien des témoins tels qu'elle désirait en trouver. Manifestement la Providence approuve et favorise son entreprise.
Cependant elle aperçoit un cultivateur qui travaille dans un
champ, à petite distance du jeune pâtre, dont il pourrait bien
être le maître. A tout prix, il faut éviter ces deux yeux-là.
Elle attendra donc patiemment, mais en suivant de loin les
mouvements des deux enfants. Il faudrait qu'elle eût bien du

malheur, si la journée se passait sans qu'elle pût trouver l'occasion de parler à ces deux petits pâtres réunis, et sans autres témoins qu'eux-mêmes.

Elle les voit, devers le milieu du jour, se rapprocher et pousser, comme de concert, leurs vaches vers le ruisseau de la *Sézia* pour les faire boire, puis s'asseoir l'un auprès de l'autre, pour prendre leur repas, et enfin s'étendre sur le gazon pour dormir. Pour le coup elle ne doute plus que le ciel ne se prononce en sa faveur. Pendant que les deux bergers s'endorment, elle achève d'ajuster sa splendide toilette, puis elle vient légèrement et avec précaution s'asseoir sur un tas de pierres, où les enfants la verront en plein après leur réveil, tout aussitôt qu'ils tourneront leurs regards du côté où sont allées leurs vaches.

Au premier mouvement de la jeune fille, de Mélanie, qui se réveille la première, notre héroïne compose avec soin tout son extérieur, elle se met la tête entre les mains, comme une personne que la douleur accable, et elle observe l'effet que produira cette pose dramatique. Mélanie qui ne la voit pas tout d'abord, réveille son compagnon Maximin et fait avec lui quelques pas vers la crête du coteau pour regarder où sont les vaches, qu'en se retournant elle aperçoit sur l'autre versant; mais, aussitôt, elle crie à Maximin : *Viens voir une grande clarté!* Cette clarté n'était autre chose que le rayonnement du soleil sur la splendide parure de l'héroïne, dont les couleurs variées faisaient contraste avec les verdures environnantes; mais l'effet en fut véritablement magique : Mélanie, dans sa stupéfaction, laisse tomber le bâton qu'elle avait à la main, et Maximin qui veut se montrer un peu plus luron, trahit l'émotion et le trouble de son âme en lui disant : « Garde ton bâton, va; moi je garde le mien; *s'il veut nous faire quelque chose,* je lui donne un bon coup de bâton. »

Tout à coup la clarté *semble s'ouvrir,* parce que la grande dame, se levant et se dressant avec majesté, déploie tout l'éclat de son brillant costume; mais si elle a dans la physionomie toute l'animation d'une illuminée, elle a dans les yeux des larmes fictives et de commande, elle a sur les lèvres des paroles douces et attrayantes pour appeler à elle les deux enfants; puis, dans un langage biblique, elle leur parle de son fils, dont les violateurs du dimanche et les blasphémateurs provoquent la colère, et dont elle a bien de la peine à retenir le bras vengeur, elle annonce de la part du ciel de grandes calamités, si les pécheurs persévèrent dans le désordre, et des merveilles de prospérité s'ils se convertissent; elle donne à chacun des enfants en particulier un grand secret, en leur recommandant de ne le communiquer à personne. Enfin, après les avoir menés d'étonnement en étonnement, elle franchit d'un seul pas le ruisseau de la *Sézia*, elle se porte rapidement vers la cîme du coteau, pour disparaître subitement au moyen d'un accident de terrain, ou pour s'enfoncer dans un de ces nuages isolés qu'on voit assez souvent raser le flanc des hautes montagnes. Et, avant que les deux pâtres fascinés et stupéfiés soient un peu revenus de leur ébahissement, elle s'est cachée de nouveau, en attendant le retour de la nuit.

Ici finit entièrement le rôle de l'héroïne. Bien vite elle a pu jouir du succès de son imposture, succès qui a sans doute dépassé ses espérances. Mais Dieu seul connaîtra un secret que la tombe a peut-être déjà irrévocablement scellé.

Si un homme sensé et de sang-froid eût pu voir et interroger ces petits pâtres dans ce premier moment d'éblouissement et de fascination, l'exaltation de leur langage, le trouble et l'incohérence de leurs idées lui auraient naturellement suggéré le soupçon d'une mystification ; on aurait immédiatement cherché et facilement trouvé la grande dame, et l'imposture eût été découverte. Mais les deux enfants restent livrés à eux-mêmes, et Mélanie trouve la confirmation de ses propres illusions dans les illusions analogues de Maximin. Ils se communiquent mutuellement leurs vives impressions, qui se complètent les unes par les autres, s'ajustent et s'harmonisent, et forment dans ces âmes naïves un fond commun d'ineffaçables souvenirs. Ils demeurent profondément convaincus qu'ils ont vu et entendu, tout au moins, une *grande sainte;* ils s'expriment mutuellement le regret de ce *qu'elle ne les a pas emmenés avec elle*, et, du reste, ils se séparent *bien contents*.

Le soir même, Maximin raconte à son maître Selme, qui l'a perdu de vue depuis onze heures du matin, l'histoire de la grande dame, puis il va rejoindre Mélanie pour la raconter avec elle au sieur Pra, maître de cette dernière. Par le conseil de leurs maîtres, ces enfants se réunissent encore pour aller ensemble faire le même rapport à M. le curé de la Salette. Chose étonnante, et qu'on n'a point assez remarquée peut-être : on n'a fait connaître au public aucun détail sur l'entrevue de ce brave curé et de ses jeunes paroissiens ! C'est le premier interrogatoire, c'est la première confrontation que les témoins de l'apparition ont à subir devant un homme grave et capable d'inspirer quelque confiance par sa position, par le caractère dont il est revêtu, par son éducation ; et les chauds partisans du miracle n'en feront pas connaître la plus petite particularité ! Ce premier examinateur, celui de tous qui s'est trouvé dans les meilleures conditions pour découvrir la vérité, se condamne, ou il est condamné à un complet mutisme ! D'où vient cela ? Craignait-on que l'excessive crédulité de cet homme et la naïveté de ses récits ne fût alléguée par les incroyants comme l'origine et la principale cause d'une grande mystification, que lui transmettent les bergers, qu'il transmet à un évêque très digne et très vénérable, mais octogénaire, et que subit après eux une partie notable du public ? S'arrêter à cette conjecture serait une témérité, peut-être une injustice. Mais ce que nous savons avec certitude, c'est que ce curé, remplacé dix jours après l'événement par un prêtre du même nom que lui, confirma et fixa le 20 septembre au matin, Maximin Giraud et Mélanie Matthieu dans l'inébranlable conviction que la belle dame qu'ils avaient vue le 19, était la Sainte Vierge. Car c'est ainsi que se forma de suite sa propre conviction à lui-même, comme le démontrent sans réplique, la scène larmoyante et un peu burlesque qu'il eut l'imprudence de faire au prône quelques instants après, et son départ le même jour pour Grenoble. Que les commères du hameau des Ablandins et du village de la Salette essaient donc de déconcerter ces enfants par leurs démentis ou leurs sarcasmes, après que M. le curé les a crus et s'est montré touché jusqu'aux larmes. Que M. le maire vienne avec ses représentations, ses promesses et ses menaces, la Sainte Vierge est plus habile et plus puissante que lui, c'est elle qu'ils ont vue et entendue ; c'est à elle seule qu'ils veulent obéir.

Le même dimanche, 20 septembre au soir, maître Selme, qui n'avait pris Maximin à son service que pour quelques jours, le ramena à ses parents, dans la commune de Corps, où se forma dès lors un premier noyau de croyants pleins de

ferveur, et dont quelques-uns, dit-on, sont presque aussi
habiles que sincères. Pendant ce temps-là, le bon curé de la
Salette cheminait vers Grenoble, et il arriva à l'évêché le
21. Y fut-il tancé pour son esclandre de la veille et quels
furent les incidents de son entretien avec son évêque? On n'a
rien publié à cet égard. Mais il est de notoriété que, dès le
lendemain 22, Mgr de Bruillard faisant la clôture de la retraite
annuelle des religieuses institutrices de la Providence, à Co-
nenc, raconta à toute la communauté réunie l'apparition de
la Sainte Vierge sur les hauteurs de la Salette, et répéta,
d'un air très convaincu et très pénétré, les oracles transmis
par les jeunes pâtres. Plus de deux cents religieuses retournant après la retraite dans leurs obédiences, furent comme
autant de Renommées, qui se hâtèrent de répandre partout
la grande nouvelle; et les habitants de Corps et de la Salette
furent les premiers, on le conçoit, à savoir que Monseigneur
manifestait hautement sa confiance dans le récit des bergers
et sa foi personnelle dans l'apparition réelle de la Mère de
Dieu.

A partir de ce jour, le succès de l'imposture fut pleinement assuré. Les croyants de Corps et des environs trouvèrent,
dans les dispositions manifestées par l'évêché, un nouveau
moyen d'affermir de plus en plus Maximin et Mélanie dans la
conviction qu'ils avaient vu la Sainte Vierge, et un motif de
s'affermir eux-mêmes dans le projet de donner au miracle un
grand retentissement et un grand éclat. En même temps, les
habiles, bien sûrs d'être agréables au prélat et à son entourage, s'enhardirent à façonner avec une pieuse et discrète
industrie, le moule dans lequel il convenait de couler le récit des enfants, dont la légèreté, la simplicité excessive, les
caprices et peut-être de secrètes jalousies, pourraient compromettre le triomphe de la vérité. A cet effet, Maximin, le
plus babillard, le plus léger, le plus hardi est placé sans retard chez les religieuses de Corps. Il est vrai que Mélanie
n'est conduite dans cette même maison que dans le cours de
décembre. Mais ces deux enfants se réunissent autant que
cela paraît utile, et dès le 27 septembre, on les voit ensemble
sur le lieu de l'apparition, où s'est rendu M. Peytard, maire
de la Salette. D'ailleurs, il y a pour opérer entre eux une parfaite entente, des intermédiaires officieux et actifs, qui s'ap-

pliquent à saisir, pour les faire disparaître, les petites divergences et les variantes dont, pensent-ils, on pourrait abuser. De leur côté, les deux pâtres dont l'intelligence est fort inculte, mais qui ne sont point des idiots, ont senti, d'instinct, par la curiosité qu'ils excitent et au mouvement qu'ils occasionnent, la grande importance qu'on attache à toutes leurs paroles. On parvient donc, sans grande peine, à leur graver profondément dans l'âme qu'ils seraient infâmes et perdus, devant Dieu et devant les hommes, s'ils avaient le malheur de se dédire ou de se contredire ; qu'ils doivent toujours et sans jamais varier, tenir le même langage ; qu'on leur tendra des piéges, et qu'ils devront parler et répondre le moins possible sur le sujet de l'apparition. On conçoit que trois semaines bien remplies d'interrogatoires, de confrontations, d'objections, de dénégations et surtout d'officieux redressements et de prudentes leçons, suffirent pour faire perdre à ces enfants leur naïveté primitive, et pour leur donner plus d'aplomb et d'ouverture d'esprit qu'ils n'en auraient acquis dans trois ans, s'ils étaient restés à garder des vaches et des chèvres.

M. l'abbé Chambon et quelques professeurs du petit séminaire, venaient donc trop tard, vers la fin d'octobre, pour trouver quelques indices d'une audacieuse mystification. Ils n'obtinrent que des récits stéréotypés à l'avance dans le cerveau des deux pâtres; et l'on ne sait pas s'il leur fut possible de faire à ceux-ci des questions sur lesquelles ils ne se fussent pas déjà exercés. Bientôt après, l'hiver couvrit tout ce mystère d'un épais manteau de neige. Qu'on nous dise donc ce que pouvaient y découvrir, quand les neiges furent fondues, M. l'abbé Rousselot et après lui tous les autres investigateurs et questionneurs, plus ou moins disposés à croire au miracle?

Evidemment, si l'histoire de la Salette, telle que nous venons de la raconter est vraie, le miracle de l'apparition est faux, et tout se réduit à une grande mystification. — Evidemment, si un homme judicieux peut seulement supposer que l'histoire de la Salette est vraie, telle que nous venons de la raconter, il doit forcément douter du miracle, puisqu'à ses yeux il est supposable que tout se réduit à une mystification. — Evidemment un homme judicieux peut supposer que l'histoire de la Salette est vraie telle que nous venons de la raconter, s'il n'y a aucun point dans notre récit qui soit absurde ou impossible, ou dont on puisse prouver la fausseté. Or nous portons le défi aux partisans du miracle de montrer l'absurdité, l'impossibilité ou la fausseté d'aucun point de ce récit. Discutons avec calme leurs prétendues preuves.

Il en est, nous le savons, qui vont prendre tout d'abord une fière attitude, et nous opposer gravement une fin de non-recevoir, en disant qu'on ne peut jamais être admis à combattre des témoignages positifs et précis par un roman ridicule et contraire à la nature, et qu'il est souverainement déraisonnable d'admettre sans preuve, ce projet audacieux conçu et exécuté par une femme, et ces pieuses fraudes, qui auraient ensuite facilité le succès de l'imposture. Voici notre réponse :

Nous n'opposons point un roman à des témoignages positifs et précis, mais nous présentons une hypothèse d'où il résulte que deux témoins, qui sont des enfants et des pâtres, ont pu être trompés. Nous reconnaissons que le témoignage de ces enfants est positif et précis sur tous les points, mais nous distinguons entre les choses qu'ils ont réellement vues et entendues, et celles qu'ils ont *cru voir et entendre*. Nous admettons leur témoignage comme très sincère, mais nous disons, qu'à plusieurs égards, il peut être fautif et erroné. Notre récit est calqué sur le récit des enfants et sur les relations que l'autorité diocésaine reconnaît ; nous n'ôtons de ces récits et de ces relations que le *merveilleux*, et nous n'y ajoutons que ce qui est nécessaire pour faire ressortir le *naturel*. De plus habiles feraient, sans doute, d'après ce plan, un calque plus acceptable et moins imparfait ; car nous ne prétendons pas que la prétendue apparition de la Salette ne puisse s'expliquer d'une manière différente. Mais pour établir notre thèse et justifier nos doutes, il suffit que notre explication ne choque pas le bon sens.

La fin de non-recevoir qu'on nous oppose au nom de la nature et de la raison, suppose précisément qu'on réfléchit fort peu sur notre pauvre humanité, et qu'on ne tient aucun compte de l'expérience et de l'histoire. Le fanatisme et le faux zèle sont deux maladies de l'esprit, dont le catholicisme ne préserve point ceux qui entendent et pratiquent le catholicisme d'après leurs propres idées et suivant leur imagina-

tion. Or, le propre du fanatisme est de pousser à des exagérations, à des excès, à des énormités, et de donner aux âmes
qu'il exalte une énergie de volonté et souvent une audace extraordinaires. Le propre du faux zèle est de dissimuler l'irrégularité, l'indélicatesse et le désordre des voies et moyens,
par l'excellence prétendue d'une fin pour laquelle on se passionne. Mais ici l'expérience nous instruira mieux que les
meilleurs raisonnements. On composerait des volumes si l'on
voulait recueillir les traits de fanatisme et de faux zèle que
l'histoire a enregistrés, et qui sont beaucoup plus étonnants
que ceux dont on conteste la possibilité. Bornons-nous à quelques exemples que nos adversaires connaissent, assurément,
mais qu'il leur convient apparemment d'oublier.

En plein dix-huitième siècle on vit, pendant longtemps, les
convulsionnaires donner, dans le cimetière de Saint-Médard
et ailleurs, en présence de nombreux témoins, des scènes où
le fanatisme avec son effroyable énergie est caractérisé d'une
manière beaucoup plus forte que dans la sacrilège parade que
notre récit suppose; et il y eut, là aussi, des fascinations et
des mystifications bien plus difficiles à effectuer que celles que
nous attribuons à la grande dame de la Salette. Est-ce que
notre héroïne est plus fanatique et plus audacieuse que cette
Rose Tamisier, qui sut si bien mystifier, il y a peu d'années
encore, les prêtres comme les laïques, les magistrats comme
les particuliers? Si l'évêque diocésain n'eût pas été plus défiant et plus clairvoyant que le sous-préfet et les autres, qui
pourrait dire jusqu'où serait allé la mystification? Très probablement si Rose Tamisier était morte quelques jours ou quelques semaines après avoir jeté son évêque dans une complète
illusion, elle aurait aujourd'hui la réputation de thaumaturge,
on brûlerait des cierges devant le tableau miraculeux, et l'on
scandaliserait les bonnes âmes si l'on se refusait à croire que,
bien des fois, et en présence de témoins irrécusables, une
image de Notre-Seigneur en croix s'est couverte de véritables
gouttes de sang, à la prière d'une sainte fille.

Avant la mort du dernier des Apôtres, il y avait déjà des
faussaires qui composaient, d'imagination ou sur des rensei-
gnements pris au hasard, des écrits qu'on a rangés parmi les
livres *apocryphes*. Un prêtre, accusé devant saint Jean l'Évan-
géliste d'être l'auteur de celui qui circulait avec le titre de

Voyages de saint Paul et de sainte Thècle, fit l'aveu de sa faute, et déclara qu'il avait été poussé à cette imposture par le désir d'honorer et de glorifier la mémoire du grand Apôtre. C'est saint-Jérôme qui nous raconte ce fait, d'après Tertullien. Vers la fin du huitième siècle, Isidore, surnommé *Mercator*, fabriqua les *fausses décrétales*, c'est-à-dire des lettres ou constitutions pontificales, qu'il attribua aux papes des trois premiers siècles. Ce sont des religieux qui ont écrit pour la plus grande gloire de Dieu et des saints, et aussi pour l'édification des âmes, des légendes bien chargées de merveilleux, mais que la critique la plus large et la plus indulgente est forcée de ranger parmi les contes faits à plaisir. Les dévotes industries, les pieuses fraudes, dont nous n'accusons personne en particulier, mais que nous donnons comme possibles et très supposables, ne sont pas, à beaucoup près, de cette force-là.

On a dit que la dame de l'apparition, si elle n'était qu'une intrigante, se serait bien gardée de faire des annonces prophétiques et de donner un secret, au nom du ciel, à chacun des enfants; deux choses qui ne pouvaient que compromettre le succès de son entreprise. — Où a-t-on trouvé de bonnes raisons pour croire que le fanatisme procède toujours avec prudence et qu'il ne fait jamais de témérité compromettante? La grande dame devait, avant tout, se faire prendre pour une personne inspirée et descendue du ciel, et monter l'imagination des enfants; c'était pour elle une condition de succès et le besoin du moment; puis elle savait bien que, dans un certain monde, on aime passionnément les choses mystérieuses et les prophéties. Du reste, en y regardant de près, on trouvera qu'elle s'est fort peu aventurée. On nous permettra, sans doute, de traiter le double secret comme la chose du monde la plus insignifiante, tant qu'il demeurera entièrement scellé. Que pourrions-nous en dire, quand on ne nous en dit rien, absolument rien? Nous ne connaissons pas l'art de discuter l'*inconnu*. Remarquons, toutefois, ce trait de ressemblance entre l'histoire de la Salette et celle d'un fanatique dont s'occupa la France et même l'Europe, sous la Restauration, qui sè disait en commerce fréquent avec le ciel par le ministère des anges, et qui avait pour mission spéciale d'admonester Louis XVIII et de lui dire des choses très secrètes. M. le vi-

caire général Rousselot ne craint-il point que le secret qu'il a
porté bien et dûment cacheté à Rome ne finisse par avoir le
même sort que celui du fameux Martin de Gallardon? On a
dit que Sa Sainteté a beaucoup soupiré en lisant les célestes
dépêches. On avait osé imprimer, dans le temps, que Sa Majesté avait beaucoup pleuré dans l'audience qu'elle avait accordée à Martin. L'analogie est frappante! Constatons cependant une différence qui a bien quelque signification : Pie IX
s'est persévéramment refusé à voir Maximin, qu'un des pané-
gyristes de la Salette avait mené à Rome exprès pour lui procurer une audience du Pontife.

Quant aux prophéties transmises par les enfants, elles pa-
raîtront, à tout homme sensé et sans préventions, plus embar-
rassantes pour ceux qui croient au miracle que comprome-
tantes pour la dame de l'apparition, si l'on suppose qu'elle
ne fut qu'une intrigante. Quel risque courait-elle en donnant
des prédictions qui n'ont ni précision ni netteté, dont le principal caractère est une grande élasticité, et qui, par-dessus
tout cela, ne sont que conditionnelles? Jamais un homme judicieux ne se croira obligé, par les règles du sens commun, à
voir une prédiction *surnaturelle* dans ces trois mots, auxquels
on a donné tant d'importance : *les raisins pourriront*. Où est
donc la grammaire, où est la logique, en vertu de laquelle on
doive regarder ces trois mots comme l'équivalent absolu de
ceux-ci : *Les vignes seront infestées par une maladie inconnue?* La grande dame voulant énoncer que la colère de Dieu
se manifesterait par la putréfaction des récoltes principales,
il était très-naturel qu'à la putréfaction du blé, à la putréfaction des pommes de terre, à la putréfaction des noix, elle
joignît la *putréfaction des raisins*. Peut-on sérieusement voir
là un caractère manifeste de l'intervention et de la révélation
divine? De bonne foi, nous ne pouvons y voir qu'une prédiction heureuse par l'événement, mais hasardée comme les
autres. Examinons comment les prétendues prophéties em-
barrassent nos adversaires.

Nous trouvons la preuve de cet embarras dans les décep-
tions qu'elles ont causées à un grand nombre d'entre eux, et
dans l'étrange variété des interprétations qu'ils en donnent.
N'est-il pas notoire que, dès l'année 1847, *la grande famine*
devait commencer l'hiver suivant , au dire de beau-

coup de croyants, qui annonçaient très résolument, malgré d'assez belles apparences, que les récoltes allaient se
gâter? Ces sinistres annonces de la grande calamité ne se
sont-elles pas renouvelées, au moins deux fois, depuis cette
première panique, et d'une manière plus fortement accentuée
encore? Qui donc ne pourrait pas signaler, dans son pays et
parmi ses connaissances, un grand nombre de ces *alarmés*?
Il y en avait dans toutes les classes. Nous en pourrions nommer, parmi ceux qui sont appelés par leur position à parler
ou à écrire, qui ne pouvaient plus faire ni l'un ni l'autre sans
laisser percer la préoccupation des maux dont nous allions
être prochainement écrasés; et même il n'était bruit, dans
certains diocèses, que de nouvelles et ultérieures prophéties,
garanties par des miracles *ad hoc* et parfaitement confirma-
tives des menaces de la Salette.

Maintenant, si nous voulons des interprétations, on en a
pour tous les besoins de la cause et pour tous les goûts.
Quelques-uns décident que les prophéties de la Salette, avec
les conditions qui y sont apposées, ne regardent que le canton de Corps et le diocèse de Grenoble, ou tout au plus quelques contrées du Midi; tandis que le plus grand nombre les
appliquent à toute la France, sinon à toute l'Église. Les uns
soutiennent qu'elles ont déjà eu un accomplissement suffi-
sant, attendu, sans doute, que le *peuple* de la grande dame
s'est suffisamment converti; les autres disent qu'elles ont eu
un accomplissement incomplet seulement, parce qu'il a été
fait beaucoup de prières et qu'il s'est opéré des conversions;
mais qu'elles s'accompliront davantage et complétement, si le
grand nombre des prévaricateurs s'endurcit. Il en est qui n'hésitent pas à avancer que, malgré l'endurcissement général, les
âmes fidèles et ferventes ont, par la force de leurs prières, fait
révoquer les décrets que Marie avait chargé Mélanie et Maximin de notifier *à son peuple*. Il en est enfin qui cherchent des
réponses tantôt dans un de ces systèmes et tantôt dans un
autre, suivant les *chicanes* qui leur sont faites par les *incroyants*. — Si l'on nous fait observer que cette variété, au
lieu de dénoter de l'embarras, prouve, tout au contraire, que
les prophéties ne gênent pas les partisans de l'apparition miraculeuse, et que sur ce terrain là ils se mettent fort à leur
aise, nous conviendrons de cela, si on l'entend de ces esprits

légers et peu sérieux, qui, après avoir jugé sans examen ap-
profondi, par impressions ou par entraînement, cherchent des
faux-fuyants et des sophismes spécieux pour justifier le jugement qu'ils ont ainsi porté. Mais s'il s'agit d'hommes graves et
judicieux, tels que nous en connaissons beaucoup parmi les
croyants, dont l'esprit lucide et ferme se trouve mal à l'aise
quand il ne peut s'appuyer que sur des considérations contestables, sur des idées arbitraires, sur des raisonnements vagues,
la variété même des interprétations présente une véritable
difficulté ; la grande flexibilité des prédictions est bien loin
d'être à leurs yeux un cachet d'inspiration divine, et ils con-
viendront qu'on peut fort bien, sans être ni absurde ni mauvais chrétien, ne voir là que des billevesées.

Puisqu'on a voulu voir du surnaturel dans la facilité avec
laquelle Maximin et Mélanie ont, dès le commencement, rendu
compte du fait et de ses circonstances, par un récit qui n'a
varié depuis lors ni par le fond ni par la forme, on préten-
dra, sans nul doute, faire sortir de cette particularité une ter-
rible objection contre nous. Il n'est pas possible, nous dira-
t-on, que des enfants incultes, sans ouverture d'esprit, et à
qui l'on n'avait, jusque-là, pu faire apprendre ni le caté-
chisme ni les plus simples prières, aient si promptement casé
dans leur mémoire, de manière à le débiter imperturbable-
ment et fidèlement, un récit long et compliqué, surtout s'il a
été, comme on le suppose, un peu façonné par d'habiles
gens. — L'objection ne serait pas sans gravité, si ces enfants
n'étaient pas eux-mêmes les auteurs du récit, pour le fond et
pour la forme, et s'ils n'avaient pas été fortement stimulés
par les circonstances à le graver fidèlement dans leur mémoire. Mais il ne s'agissait que de redire des choses très récentes, qui les avaient fortement impressionnés et qui avaient
laissé dans leur âme des traces profondes, et de les redire
comme ils les avaient d'eux-mêmes dites tout d'abord, sauf
quelques mots, quelques demi-phrases peut-être à changer,
à ajouter ou à supprimer. Il ne fallait pour cela ni mémoire
exercée, ni effort, ni application soutenue. D'ailleurs l'expérience montre tous les jours que les enfants qui désolent le
plus leurs maîtres et qui n'apprennent rien, s'approprient
très vite et très facilement des textes fort longs, quand ils
veulent un instant vaincre leur légèreté, leur insouciance,

leur paresse, et qu'ils le veulent avec succès, pour peu qu'un motif bien senti par eux les pousse et les soutienne. Or Maximin et Mélanie étaient poussés et soutenus par le vif désir de bien faire la commission à eux donnée par la sainte Vierge, et de ne pas se contredire, pour n'être pas montrés au doigt, honnis, détestés et sévèrement punis, comme des impies et des menteurs. Et quand ils auraient été assez idiots pour n'avoir pas spontanément ces idées et ces appréhensions, d'après ce qu'ils voyaient et entendaient, n'y avait-il pas là mainte personne empressée à les leur inculquer fortement? Dans de pareilles conditions, si l'on cherche une merveille, on ne trouve même pas une difficulté, même en supposant que les enfants n'aient eu que quelques jours pour apprendre de mémoire le récit de l'apparition.

Maintenant abordons résolument le terrain redoutable sur lequel le combat doit être décisif. Là vont se dresser contre notre hypothétique récit des objections sérieuses, et dont nous ne pourrions pas, sans une ridicule présomption, nous dissimuler la gravité ; car elles ne sont pas autre chose, au fond, que les considérations qui ont décidé en faveur de l'apparition miraculeuse une multitude de fort bons esprits. Ce sont, aux yeux des croyants, de véritables impossibilités de l'ordre physique et de l'ordre moral tout à la fois. Ceux qui persistent à penser, et il s'en trouve même parmi les catholiques sincères et pratiquants, que les deux pâtres ne sont que les instruments dociles et fidèles d'une imposture concertée entre deux ou trois personnes et habilement conduite, n'éprouvent ici aucun embarras, et ils tranchent la difficulté par une dénégation pure et simple. Nous nous sommes placé en dehors de ce système, qui nous paraît, nous l'avouons sans peine, bien difficile à soutenir. Nous croyons à la bonne foi persévérante des enfants et à la sincérité de leur récit ; nous n'admettons la fraude, du côté de ceux qui ont partagé leur illusion dès le principe, que dans la mesure jugée par ceux-ci nécessaire pour rendre encore plus croyable ce qu'eux-mêmes croyaient déjà, ou pour écarter ce qui pouvait obscurcir aux yeux des autres une vérité dont un faux zèle leur exagérait l'utilité et l'importance ; nous sommes donc obligé de discuter directement les impossibilités prétendues qu'on nous oppose. Commençons, toutefois, par une considération générale.

Il y a dans le corps épiscopal, dans le clergé du second ordre et parmi les laïques, un grand nombre d'hommes recommandables par leur foi et par leur mérite personnel, dont on peut dire aussi qu'ils sont *d'excellents esprits*, et qui cependant ne croient point à l'apparition miraculeuse de la Mère de Dieu sur la montagne de la Salette. Or, il ne pourrait pas en être ainsi, malgré des impossibilités réelles et tant soit peu palpables; car ces esprits, qui ne manquent ni de justice ni de pénétration, ne pourraient pas s'empêcher de croire à ce miracle, en apercevant des impossibilités dans l'hypothèse d'une illusion et d'une erreur. Ceux qui s'imaginent voir clairement que cette hypothèse est l'impossible et l'absurde, ne feraient pas mal d'y regarder bien longtemps et de bien près avant de se prononcer. Nous entrons avec eux dans un examen que beaucoup peut-être n'ont jamais fait sérieusement.

Première impossibilité. — Maximin affirme que la dame lui a rappelé, en les racontant, des choses qu'il savait seul et qu'il avait oubliées. Voici cette partie de son récit : « Ensuite elle nous dit : N'avez-vous jamais vu de blé gâté... » (Voir le récit de Maximin). Il est manifeste, dit-on, que, s'il y a ici une imposture, Maximin est lui-même l'imposteur. Ces particularités lui sont tellement personnelles, que nul n'avait la possibilité de le tromper là-dessus; le tenter même, eût été une bévue qui n'est pas supposable de la part d'une intrigante.

Réponse. — Il s'en fallait de beaucoup que Maximin fût de sang-froid au moment où cette question lui fut adressée. Comme il y avait beaucoup de trouble dans son âme, l'adroite magicienne, voyant qu'il n'y en avait pas moins dans ses paroles, en profita pour le stupéfier de plus en plus. Voici comment pouvait s'opérer la mystification. Supposons qu'après cette réponse à la dame : « Oh, non, Madame, nous n'en n'avons jamais vu, » celle-ci ait ajouté : « Comment! tu n'as jamais vu de blé gâté dans quelque champ? » Ces vives paroles, réveillant confusément les souvenirs de l'enfant, il aura, en conséquence, balbutié quelques mots, entre autres celui *du Coin*, qui est le nom d'une pièce de terre, et ceux qui se rapportent au morceau de pain donné par le père. Tout aussitôt la belle dame, y ajoutant les détails faciles à deviner, aura composé et débité avec aplomb un récit concordant avec la mémoire du pâtre. Celui-ci, beaucoup plus frappé de ce récit que mémo-

ratif de ses propres paroles, se sera imaginé, dans sa simplicité, qu'elle connaissait d'une façon merveilleuse ce qu'il lui
avait lui-même appris. — Qu'on dise, si l'on veut, qu'une
mystification de ce genre est impossible à l'égard d'un homme
ordinaire, ou même à l'égard d'un enfant un peu madré et de
sang-froid; mais qui oserait soutenir qu'elle est impossible à
l'égard d'un pâtre de onze ans, bien grossier, bien inconsidéré,
et dans un moment où il est impressionné par un spectacle
étrange qui a mis sa pauvre tête en désordre?

On croira peut-être réfuter notre explication en disant que,
pour lui donner un air de vraisemblance, nous dissimulons la
moitié de la difficulté en ne faisant mention que de Maximin,
lorsque Mélanie a tout entendu et rapporte tout comme lui, ce
qui double la difficulté. — On ajoutera que, s'il y eut tant de
désordre dans la tête de ces enfants, il devait y en avoir aussi
et en proportion dans leurs souvenirs, et par conséquent dans
le narré qu'ils ont fait de l'incident; mais qu'il y a, au contraire, dans cette partie de leur commun récit, autant de
clarté, de régularité et de suite que dans les autres parties.

Pourquoi raisonne-t-on toujours contre nous, comme s'il
était bien démontré que le récit des deux pâtres est tellement leur propre récit qu'il n'a été ni modifié dans certains
accessoires, ni arrangé discrètement dans l'origine par quelque zélé croyant? On n'a point fait et l'on ne fera jamais cette
démonstration; et tant qu'elle n'a pas été faite, le sens commun nous autorise à supposer de pieuses fraudes relativement
au rapport invraisemblable que les enfants récitent. La partie
qui nous occupe en ce moment nous paraît, à bon droit, suspecte plus qu'aucune autre. elle sent le travail, et l'on y en-
trevoit un certain art masqué par des formes ingénues. Sans
doute aucun, le narré primitif de cet incident présentait du
désordre, de l'obscurité, des incohérences, peut-être, et un
homme d'une habileté ordinaire, mais attentif et pas trop cré-
dule, y eût remarqué des indices de mystification; mais les
hommes ainsi disposés sont venus trop tard, et ils n'ont obtenu qu'un récit dévotement façonné.

Dans cette opération du faux zèle, on devait viser avant tout
à écarter tout ce qui aurait pu provoquer une accusation de
contradiction contre les deux témoins. Si donc l'un des deux

affirmait une particularité intéressante que l'autre n'avait pas remarquée, on dut vouloir que celui-ci l'affirmât comme le premier. Il fut très facile de leur persuader qu'ils devaient se faire mutuellement de ces petites concessions, sous peine de passer pour menteurs, et s'en tenir à une relation commune et en tout point semblable. Le résultat de cette manœuvre, simple en elle-même et sans difficultés, c'est que, relativement à certaines circonstances, alors même que nous avons deux témoignages, nous n'avons en réalité qu'un seul témoin : l'un raconte de très bonne foi ce qu'il a vu ou cru voir, ce qu'il a entendu ou cru entendre ; l'autre, avec une égale bonne foi, raconte exactement la même chose, parce qu'il la tient de son compagnon et qu'il n'a ni vu ni entendu rien de contraire. On est donc parfaitement recevable à faire les suppositions suivantes : Mélanie, qui n'était point personnellement impliquée dans l'incident du *blé gâté* et qui n'avait fait nulle attention aux paroles inconsidérées, mais révélatrices, de Maximin, se met très volontiers d'accord avec lui sur la manière de raconter cette particularité ; — de son côté Maximin concède à Mélanie la marche légère de la belle dame, qui *ne fait pas plier l'herbe sous ses pas ;* — de même Mélanie passe à Maximin le mouvement d'ascension par lequel la belle dame *s'est élevée d'un mètre au-dessus de terre,* et Maximin passe à Mélanie la manière dont la dame a disparu, *la tête d'abord, puis les bras, puis le reste du corps.* C'est ainsi qu'avec deux témoignages nous n'avons, sur quelques points, qu'un seul témoin. C'est ainsi qu'au lieu d'une double fascination, il peut fort bien n'y avoir eu que la fascination d'un seul enfant. Cette remarque est d'une grande importance ; nous y reviendrons.

Dans le cours ordinaire de la vie, il se passe journellement quelque chose d'analogue à ce que nous appelons ici les concessions mutuelles des enfants de la Salette. Deux témoins d'un même fait en causent ensemble et se font part de leurs impressions ; puis chacun d'eux, lorsqu'il raconte ce fait à d'autres, raconte ce qui a frappé son compagnon, comme s'il l'avait observé lui-même. Notre hypothèse est donc très naturelle et très plausible. Le fût-elle moins, les croyants n'ont aucun droit de la repousser, non plus que quelques autres qu'on pourrait faire encore, tant qu'ils n'ont pas établi indubitablement que le récit de Maximin et de Mélanie n'a été, en aucune façon ni pour aucune de ses parties, le résultat d'un dévot tripotage. Or, où sont, sur ce point fondamental, leurs preuves et leurs garants? Voyons, examinons sans parti pris.

Du côté de l'évêché, que trouvons-nous dès le début? Une crédulité peu commune et une absence de circonspection qui force l'improbation et le blâme, malgré le respect dû à l'autorité épiscopale, et dont on ne trouve la dénégation dans aucune publication favorable à l'apparition miraculeuse, parce que la notoriété est là. Vingt jours déjà s'étaient écoulés, quand Mgr de Bruillard data la circulaire qui rappelle au clergé de son diocèse les règles canoniques sur la publication des miracles, circulaire qui n'empêchait pas qu'on ne sût pertinemment, dans la moindre paroisse, que le prélat, avec son entourage, croyait fermement à l'apparition réelle, et qui d'ailleurs ne gênait en rien les pieuses fraudes. Le premier homme sérieux qui intervient, pour remplir une commission confiée par l'évêché, est M. Chambon; mais il ne paraît sur les lieux et il n'interroge les enfants qu'un mois, pour le moins, après l'événement.

Aura-t-on le courage de nous donner pour garant de la pureté native et de la naïveté originaire de la relation que les enfants répètent, M. Perrin, curé de la Salette jusqu'à la fin de septembre 1846? Il est vrai que l'esclandre qu'il fit en chaire, le 20 du même mois, et son voyage précipité à Grenoble, dénotent une foi bien décidée à la miraculeuse apparition; mais cela dénote aussi une grande chaleur de zèle. Quels conseils, quelles instructions rapporta-t-il de la ville épiscopale? Que fit-il, que ne fit-il pas en ce qui concerne une affaire si grande à ses yeux, pendant les sept à huit jours qu'il passa encore à la Salette? Ces quelques jours furent certainement décisifs. Or, il a toujours gardé le silence, et l'on ne met en avant aucun document qui puisse éclairer les mystères de cette importante semaine qui s'écoula du 20 au 30, à l'exception d'une pièce signée: Pra (Baptiste), J. Moussier, Selme (Pierre). Quelles sont, au point de vue qui nous occupe actuellement, l'importance et la valeur de cette pièce? C'est ce que nous allons discuter.

Cette pièce est exactement et littéralement concordante avec l'invariable récit des deux enfants, sauf quelques particularités qu'elle ne mentionne pas, mais qu'elle ne contredit en aucune façon. Or, dit-on, puisqu'elle a été écrite et signée dès le dimanche 20 septembre, lendemain de l'apparition, par les maîtres mêmes de nos deux petits pâtres, hommes simples et d'une incontestable probité, elle détruit péremptoirement tout soupçon de pieuse fraude, car elle ne laisse plus ni temps ni lieu à l'action du faux zèle. Par là il devient incontestable, évident même, que le récit qu'on nous donne aujourd'hui est de tout point, pour la forme comme pour le fond, tel qu'il a été donné par les enfants livrés à leurs seules impressions et en dehors de toute influence, et qu'il a conservé toute sa naïveté primitive.

Ce raisonnement est vicieux par deux côtés. D'un fait contestable il tire une conséquence très fausse. — Remarquons tout d'abord que cette pièce n'a point l'authenticité désirable ; c'est une copie. M. Lagier, prêtre du diocèse de Grenoble, a droit d'être cru sur parole quand il la certifie, attestant qu'il l'a prise lui-même sur l'original, le 28 février 1847. Mais il n'en est pas moins étrange et regrettable, relativement à la valeur de ce document, que l'original, « après avoir passé de mains en mains, de la Salette à Corps, ait fini par être emporté par un pèlerin. » (*Vérité sur la Salette*, p. 60.) Cette pièce n'a jamais été datée, irrégularité majeure, surtout dans une question spéciale pour la solution de laquelle il faut avoir une date précise. Sur quoi donc est-on fondé à croire et à soutenir que la pièce en question a été écrite et signée le dimanche 20 septembre? Uniquement sur ces mots d'une apostille de ce même M. Lagier : « Pra m'a attesté avoir écrit la pièce ci-dessus le lendemain de l'apparition. » Or on peut conjecturer, avec une grande vraisemblance, ou bien qu'il y a eu malentendu, M. Lagier comprenant de la confection de la note ce que Pra n'affirmait que des déclarations à lui faites par les deux enfants *le lendemain de l'apparition ;* ou bien, qu'après six mois, Pra a été mal servi par sa mémoire et qu'il s'est trompé de jour. Voici sur quoi cette conjecture se fonde :

Dans une déposition très soignée, faite et signée par le même Pra, le 28 septembre 1847, on lit : « J'ajoute, avant de signer, que les premiers jours je n'ai point ajouté foi au récit des enfants. » Il est peu croyable qu'un paysan montagnard se soit porté, malgré la répugnance générale des hommes de cette classe pour manier la plume, à écrire une note d'assez longue haleine, dont le fond lui paraissait une fable ridicule ; il est moins croyable encore que, dans son incrédulité, il ait donné pour titre à sa note : *Lettre dictée par la sainte Vierge*. Tout cela n'a de naturel et de vraisemblance qu'après *les premiers jours*, et lorsque Pra était devenu croyant à l'exemple de son curé, de son évêque et de bien d'autres. Mais voici quelque chose de plus fort et qui donne un caractère de certitude morale à la conjecture que nous opposons à M. Lagier. Rien, certes, n'est plus important, dans toute l'affaire de la Salette, que de mettre hors de doute et de contestation la simplicité native et originaire du récit des enfants, et les croyants n'ont rien trouvé de mieux à dire sur ce point majeur que ceci : Trois hommes probes et dignes de foi déclarent avoir recueilli ce récit de la bouche même des petits bergers le lendemain de l'apparition, et l'avoir mis par écrit le même jour, tel absolument que les enfants l'ont répété si souvent. Or un an et plus après l'événement, lorsqu'on recueille avec grand soin tout ce qui peut constater le miracle, ce même Pra, ce même Selme, qui donnent, sur la demande qu'on leur en fait, chacun une déclaration détaillée, ne disent pas un seul mot sur cette pièce écrite par l'un d'eux et signée par l'autre, ainsi que par Moussier, *dès le lendemain de l'apparition*. Selme, qui rend compte de ce qu'il a fait, vu et entendu dans la journée du dimanche, ne dit rien de cet écrit ! C'est bien étonnant ! Il se préoccupe des mauvaises idées qu'on pourrait concevoir contre le récit des enfants, jusqu'à dire : « En racontant ce qu'ils disent avoir vu et entendu, ils ne récitent pas une leçon qu'ils auraient apprise. » Et il n'ajoute pas la plus grande preuve de ce qu'il appelle *sa conviction* : « *Dès le lendemain de l'apparition*, mon voisin Pra a fait un écrit sur la déposition des enfants, écrit que j'ai signé comme témoin, et qui est, mot pour mot, semblable à ce qu'ils ont toujours dit. » Ces deux hommes, s'ils avaient eu la conscience d'avoir signé cet écrit dès le 20 septembre, y auraient attaché une toute autre importance. Rien donc de plus incertain que cette date. — Il était naturel que Pra, devenu croyant *après les premiers jours*, écrivît cette note pour se rappeler exactement les prédictions de la sainte Vierge ; il était naturel qu'elle fût signée par Selme et par

Moussier, qui y retrouvaient en substance les dires des deux enfants. Mais cela n'exclut, en aucune façon, l'action du faux zèle, qui eut, *pendant les premiers jours*, le lieu et le temps d'exercer son influence sur les deux pâtres et sur Pra lui-même.

Le fait sur lequel on raisonne est très contestable ; nous pourrions dire qu'il est très probablement faux. Ce qu'il y a de pire, c'est qu'on tire de ce fait une conséquence très fausse. En effet, dans l'hypothèse que la pièce a été réellement écrite et signée le 20 septembre, nous pourrions soutenir qu'elle n'est, après tout, que le récit primitif des enfants mis en ordre et arrangé, de bonne foi, par les signataires, d'après ce qu'ils avaient compris au narré et aux réponses des enfants ; et que ces braves montagnards n'ont tenu aucun compte de certains traits qui auraient frappé des esprits plus déliés et plus exercés ; d'où il suit que les indices de l'imposture et de la mystification nous ont été dérobés par eux très innocemment. — Dans cette hypothèse, nous dirions sans hésiter que le faux zèle a pu s'exercer sur les parties que la note très incomplète de Pra ne mentionne point, et il y en a de fort graves, telles que la marche légère de la belle dame, son mouvement d'ascension et sa manière de disparaître. — Dans cette hypothèse nous dirions, avec une pleine et entière confiance, que que le faux zèle conservait toute sa liberté d'agir et d'influencer pour obtenir le résultat qu'il cherchait avant tout et qui lui paraissait décisif : à savoir la persévérance et la parfaite concordance dans le récit des enfants. Pra, Selme et Moussier donnaient comme sincère et certaine une partie notable de ce récit, les habiles l'adoptèrent, la complétèrent, et bientôt, grâces à leurs dévotes manœuvres, les enfants eux-mêmes s'approprièrent ce travail, et ils en firent l'invariable type de leur narration.

Voyons maintenant si nous trouverons une meilleure garantie dans la déclaration de M. Peytard, maire de la Salette. S'il s'agissait de la bonne foi des enfants, cette garantie nous paraîtrait suffisante ; mais elle est de toute nullité relativement à la naïveté originaire de leur récit. C'est plus d'un an après l'événement, c'est le 20 octobre 1847, que M. Peytard écrivait à Mgr l'Evêque de La Rochelle : « Le dimanche 27 septembre, je me fis conduire, accompagné de quelques personnes,

par les enfants sur le lieu de l'apparition.... Je leur fis parcourir le chemin à plusieurs reprises, depuis le lieu de l'apparition jusqu'au lieu de l'ascension ; et *leur récit fut le même*
de *point* en *point* que celui *qu'ils m'avaient fait le dimanche*
précédent et le même *qu'ils* font *aujourd'hui.* » Il est manifeste en lisant la relation de cet honorable maire que, le 27
comme le 20, ce qui le préoccupait surtout, pour ne pas dire
exclusivement, était de s'assurer si les enfants étaient ou n'é-
taient pas coupables d'un mensonge fabriqué de concert, ou
bien les instruments volontaires et dociles d'une imposture.
C'est uniquement sous ce rapport qu'il observe l'identité de
leur commun récit le 20 et le 27, et il la trouve très suffisante
pour former entièrement sa conviction dans le sens de leur
sincérité, parce qu'il retrouve toujours non-seulement un
même fond d'histoire sur l'apparition d'une grande dame,
mais le même détail sur ses paroles et sur ses actes. Cette expression, *leur récit fut le même de point en point*, signifie
tout simplement que *toutes les circonstances, tous les points*
signalés le 20 par Mélanie et par Maximin furent également
racontés par eux le 27. Aussi n'avons-nous point supposé que
la pieuse fraude des zélés se soit attachée à supprimer quelque
point notable du récit primitif; nous ne l'admettons, cette
fraude, que pour des accessoires qui dépendent de quelques
mots ajoutés ou supprimés ou changés, ou bien de quelque
habile arrangement des mots ; à nos yeux même, l'habileté a
consisté par-dessus tout à faire adopter aux deux pâtres une
invariable récitation. Evidemment la déclaration de M. Peytard
ne contredit en rien ces hypothèses.

Nous avons donc le droit d'affirmer que les partisans de
l'apparition miraculeuse sont dans l'impossibilité de prouver
que le récit des enfants n'a pas été travaillé, qu'il n'a pas subi
l'influence du faux zèle et qu'il a conservé sa simplicité native
et sa naïveté originaire. Donc nous avons le droit de maintenir les explications que nous avons données sur l'incident relatif au *blé gâté;* donc la première *impossibilité* qu'on oppose
à notre récit hypothétique n'est elle-même qu'une chimère, et
l'objection qu'on prétendait en induire contre nous est sans
fondement. Nous allons discuter en même temps la seconde
et la troisième, parce que le principe de solution est le
même.

Seconde et troisième impossibilités. — Les enfants affirment : 1° que la « dame est montée une quinzaine de pas *en glissant sur l'herbe, comme si elle était suspendue et qu'on la poussât* ; ses pieds ne touchaient que le bout de l'herbe.... » 2° « Qu'avant de disparaître, cette belle dame s'est élevée comme ça (Maximin désigne une hauteur d'un mètre cinquante); elle resta ainsi suspendue en l'air un moment, puis nous ne vîmes plus la tête, puis les bras, puis le reste du corps : *elle semblait se fondre;* et puis il resta une grande clarté, que je voulais attraper avec la main, avec les fleurs qu'elle avait à ses pieds ; mais il n'y eut plus rien.» Là-dessus voici comment on raisonne. Puisque les deux enfants sont de bonne foi, ils croient fermement la vérité de ces détails, qu'ils racontent persévéramment et uniformément. Or, il est de toute impossibilité que votre héroïne leur ait fait illusion à cet égard, parce qu'il est absolument impossible de paraître marcher sur l'herbe comme en glissant et sans la fouler, quand on marche en réalité comme toute personne humaine ; absolument impossible de sembler se tenir en l'air, puis disparaître successivement et par parties, comme une substance qui se fond, quand on ne fait que se dérober en fuyant ou en se cachant, quelque souplesse ou subtilité qu'on y mette.

Nous reconnaissons que cela est impossible en présence de témoins d'un sens et d'une perspicacité ordinaires, de sang-froid et dans un état mental calme et normal. Mais nous soutenons que cette illusion, qui s'est produite dans l'espace d'une minute, est très possible quand on a pour témoins deux enfants montagnards fortement impressionnés dans tout leur être physique et moral, stupéfiés, fascinés par un spectacle merveilleux, exaltés par des paroles prophétiques prononcées par un être descendu du ciel. Car tels furent tout naturellement les effets de cette magique apparition sur ces âmes toutes neuves encore ; tel fut le prestige de la pose dramatique, de la démarche compassée, des larmes feintes, du langage mystique et solennel, et du costume frappant de la belle dame, et tel était l'état mental des deux pâtres lorsqu'elle se mit en mouvement pour se dérober à leurs regards. A ce moment leur imagination était montée, et leur vue troublée à l'égal de leur faible raison; ils crurent voir des choses qu'ils ne voyaient point. Qui donc osera soutenir que cela est impossible ? Certes, un homme judicieux n'aura jamais cette hardiesse. Il y a plus : un homme soigneux de ses intérêts ne consentirait pas, quelque simple qu'on le suppose, à risquer une somme un peu considérable sur une pareille impossibilité. Si le plan de ce petit récit le comportait, et qu'il fût opportun de faire ici quelques frais d'érudition, l'histoire nous fournirait bien des exemples d'illusions analogues à celle dont on nie si résolument la possibilité.

Mais, nous dira-t-on peut-être, la preuve que vous ne croyez guère à de pareils effets produits par l'esprit troublé et par l'imagination exaltée des enfants, c'est que, pour faciliter la prompte disparition de votre magicienne, vous donnez vous-même carrière à votre imagination, et vous recourez à de pures fantaisies et même à des faussetés manifestes; car vous créez des accidents de terrain sur un plateau très uni, vous faites accourir un nuage, après avoir expliqué la *grande clarté* par le rayonnement du soleil sur les vêtements de la belle dame.

On avait observé que certains marabouts de la Kabylie exerçaient sur les tribus de ce pays une dangereuse influence qu'ils devaient, en majeure partie, à des manœuvres d'escamotage et de jonglerie, qui excitaient l'admiration des Arabes. Tout récemment, l'autorité a conçu l'heureuse idée d'envoyer dans ces contrées un habile et très adroit prestidigitateur, avec commission de déconcerter et d'humilier publiquement ces jongleurs, de mystifier ces mystificateurs. Il a eu un plein succès, et les journaux nous ont donné à cet égard de curieux détails. Combien de braves Kabyles, beaucoup moins simples que Maximin et Mélanie, ont cru voir clairement des choses qu'ils ne voyaient pas en réalité, et que toute leur vie, peut-être, ils affirmeront avoir vues. — Hier, vous êtes sorti tout émerveillé d'une soirée donnée par le fameux Bosco. Aujourd'hui un incrédule nie rondement quelques-uns des tours que vous lui racontez, sous prétexte qu'il n'est pas croyable qu'une assistance d'élite puisse être illusionnée à ce point. Alors vous hasardez quelques explications pour soutenir la possibilité de pareilles illusions; mais comme vos explications sont incomplètes et très insuffisantes, on s'obstine à vous opposer cette parole : *C'est impossible*. Évidemment on raisonne fort mal contre vous. Eh bien! on ne raisonne pas

mieux contre nous quand on prononce l'impossibilité de nos
hypothèses, sous prétexte que nous les expliquons mal. Les
exemples que nous citons ici prouvent suffisamment qu'il y a
des illusions très possibles qui restent inexplicables, excepté
pour ceux qui les ont habilement produites. Nous n'entendons
nullement que ces exemples nous fournissent des comparai-
sons exactes avec le fait de la Salette, mais ils prouvent qu'on
a tort de se croire bien certain du miracle, parce que nous
ne parvenons pas à donner catégoriquement une explication
naturelle de ce fait.

Le reproche de créer d'imagination des accidents de terrain sur un plateau uni est fort injuste. D'après les relations
et les déclarations qu'on met en avant, ce plateau n'était pas
si uni qu'on veut ici le faire entendre, puisque Pierre Selme
perdait de vue les enfants pour peu qu'ils se rapprochassent
du ruisseau appelé la *Sézia*; ce terrain était assez accidenté
pour que Mélanie, qui n'apercevait point ses vaches du lieu
où elle avait dormi, les vît non loin de là, dès qu'elle eut fait
quelques pas; il était assez accidenté pour que les mots
monter et *descendre* se produisent plusieurs fois dans le récit
des enfants, notamment à la fin, où il nous disent que la
dame est montée *une quinzaine de pas*. Sommes-nous donc
absurde, parce que nous supposons qu'elle montait à dessein,
et tout exprès pour trouver une dépression de terrain? Ne
serait-il pas, au contraire, fort étrange que la sainte Vierge
ne se fût pas trouvée bien placée au bord de la Sézia pour
disparaître, ou remonter au ciel? Quant au nuage *isolé rasant
le flanc de la montagne*, nous dirons que ce phénomène est
très naturel et qu'il n'est pas rare. L'isolement de ce nuage
lève et fait disparaître la contradiction dont on nous accuse
avec peu de sincérité. Bien plus, on conçoit que les rayons du
soleil frappant et pénétrant le nuage sur un côté, il a pu en
résulter des effets d'optique très propres à l'illusion. Cette
hypothèse, en particulier, est possible; j'ai le droit, par conséquent, de l'opposer au prétendu miracle. J'en pourrais faire
d'autres, très certainement. On ne voit pas, par exemple,
comment on réfuterait péremptoirement la supposition d'un
petit nuage artificiel, provenant de la combustion instantanée
d'une préparation chimique. En présence de témoins de l'âge
et du caractère de Maximin et de Mélanie, on pouvait se per-

mettre bien des hardiesses. La dame de notre récit s'était préparée de longue main, et avec la pensée bien arrêtée d'éviter tous les yeux un peu clairvoyants.

Nous soutenons donc que ces deux jeunes pâtres n'ont point vu la grande dame marcher sur l'herbe sans la faire plier *et en glissant*, s'élever d'un mètre et demi au-dessus de terre, se dérober à leurs regards par parties et *comme en se fondant*; qu'ils ont, à la vérité, cru voir ces phénomènes, mais que tout cela n'a existé que dans leur imagination et ne s'est produit, en réalité, que dans leur cerveau échauffé et troublé. Là-dessus certains penseurs vont se croire en droit de nous tancer, ou de nous dérisionner, sous prétexte que, pour ne pas avouer un miracle, nous nous jetons dans le miraculeux et même dans l'absurde. C'est une fiction souverainement ridicule, nous diront-ils, et même tout à fait contre nature, que de prêter à deux petits montagnards grossiers et sans culture aucune, une imagination ardente, toute prête à se créer des fantômes et des chimères. Supposer que ces âmes, aussi calmes que simples, sont atteintes subitement d'hallucination, et, ce qui est beaucoup plus fort, d'une hallucination entièrement simultanée, d'une hallucination parfaitement identique et sur le même objet! N'est-ce pas là, manifestement, se cacher derrière l'absurde, pour n'avoir pas à saluer le surnaturel?

A notre tour nous dirons à ces intrépides partisans de l'apparition miraculeuse, qu'ils se font beaucoup trop incrédules quand il s'agit pour eux de justifier et de défendre leur crédulité. Ils se font alors incrédules de parti pris, et jusqu'à l'injustice et la mauvaise foi. Voyez, en effet, comme, dans l'objection qu'on vient de lire, ils dénaturent nos hypothèses, et comme ils aggravent à plaisir les difficultés! Où ont-ils pris le droit de se récrier sur une hallucination simultanée et identique imputée à Maximin et à Mélanie? Cette simultanéité et cette identité ne ressortent point nécessairement de nos hypothèses. Nous avons dit, au contraire, que ces enfants qui s'étaient communiqué leurs impressions et que le faux zèle avait stylés, se sont fait des concessions mutuelles, chacun d'eux s'appropriant et faisant entrer dans son propre récit ce que l'autre lui déclarait avoir vu. D'où il suit que, sur les particularités merveilleuses qui brillent à la fin de ce récit,

lors même que nous avons un double témoignage, nous n'a-
vons qu'un seul et unique témoin. D'où il suit, par une conséquence manifeste, que les illusions de Maximin n'ont point
été les mêmes que celles de Mélanie. Nous pouvons ajouter
encore, sans blesser aucune vraisemblance, que ces enfants,
après avoir mis en commun leurs impressions et les avoir
fondues, pour ainsi dire, dans un narré qu'ils ont répété à
satiété, étaient incapables, avant six mois, de discerner celles
qui leur étaient personnelles de celles qu'ils avaient emprun-
tées l'un de l'autre. Du reste, à part cette importante observation, nous soutenons qu'il n'y a point d'absurdité à supposer
des illusions identiques et simultanées du côté des deux enfants. Car il est naturel que les mêmes causes produisent les
mêmes effets, dans les mêmes circonstances, sur des esprits
disposés de la même manière.

On dénature nos hypothèses, avons-nous dit. En effet, on
emploie à dessein le mot *hallucination,* au lieu du mot *illusion* ou *fascination ;* puis l'on raisonne contre nous comme
s'il s'agissait de cette maladie mentale qui a sa cause, tout
intérieure, dans le déréglement de l'esprit lui-même, et bien
souvent son origine dans l'abus de l'imagination, ou la recherche passionnée des émotions. Oui, nous serions ridicule,
nous serions absurde, si nous supposions, même pour un
instant, dans ces enfants de la montagne une imagination
capable de s'échauffer d'elle-même et sans cause extérieure,
et de s'exalter par sa propre chaleur, au point de dominer les
sens, d'en usurper les fonctions et de donner de la consis-
tance, des formes et des couleurs à des chimères de sa créa-
tion. Mais que supposons-nous? Nous supposons des réalités
saisissantes, un spectacle qui agit puissamment sur les sens
et sur l'âme de deux enfants, ébranle fortement leur cerveau,
y porte le trouble et les jette pour un instant, dans cet état où
l'on voit les objets sans les distinguer, où l'on regarde sans
voir, où l'on croit voir ce qu'on ne voit pas, entendre ce qu'on
n'entend pas. Qu'on appelle donc cela une hallucination, si
l'on tient à cette expression. Mais il faut du moins se souvenir
que c'est une hallucination d'une espèce toute particulière,
qui ne dénote ni maladie mentale ni ardeur et déréglement
de l'imagination ; qui est produite par une cause extérieure,
et qui passe avec la rapidité d'un instant.

Maintenant que la question se trouve ramenée à ses termes propres et replacée dans son véritable jour, nous pouvons dire hardiment à nos adversaires qu'ici la philosophie dont ils sont si fiers les égare, et qu'elle leur fait prendre la nature à rebours, s'ils persistent à prétendre que deux pâtres, l'un d'onze et l'autre de quatorze ans, n'étaient pas des sujets propres à subir l'illusion que notre récit suppose. Car l'expérience et le bon sens nous disent que l'homme ignorant et simple, comme on est au fond de certaines campagnes, s'étonne et s'ébahit pour des choses auxquelles l'habitant d'une grande ville daigne à peine prêter attention. L'expérience et le bon sens nous disent que les imaginations qu'un spectacle quelconque saisit avec plus de force et impressionne plus vivement, sont précisément celles qui n'ont point été usées et blasées par la variété des spectacles, par les lectures et par les rêveries. L'expérience et le bon sens nous disent que l'esprit le plus facile à troubler, à fasciner et à bouleverser momentanément, est celui qui n'est point accoutumé aux fortes émotions, et que ne prémunit contre une illusion passagère ni l'instruction, ni l'habitude de réfléchir. L'objection à laquelle nous répondons, n'est grave qu'en apparence. Pour toute réponse nous aurions pu nous borner à la question que voici : Si vous aviez le désir ou le besoin, pour accréditer une fausseté, de mystifier et d'illusionner deux témoins, iriez-vous chercher vos premières dupes parmi les bourgeois d'une ville, au lieu de les chercher parmi de grossiers villageois? aimeriez-vous mieux avoir en votre présence deux gamins de Paris que deux petits pâtres de la Salette?

Les *impossibilités* qu'on opposait à notre récit ont disparu l'une après l'autre, et nous avons prouvé qu'elles sont toutes chimériques. Il est donc possible que les choses se soient passées sur le plateau appelé les *Baisses*, commune de la Salette, le 19 septembre 1846, comme nous les avons racontées. Il est possible, par conséquent, que la prétendue apparition de la sainte Vierge ne soit qu'une heureuse imposture.

Toutefois nous ne cherchons point à nous dissimuler que de fort bons esprits, tout en reconnaissant qu'il n'y a point d'impossibilités dans nos hypothèses, trouveront qu'on y démêle des difficultés graves auxquelles nous ne donnons point de solution pleinement satisfaisante, et dont l'ensemble forme une invraisemblance choquante. Ils diront peut-être que cette invraisemblance les décide à rejeter notre récit et à croire au miracle. — Ceci est très sérieux, mais nous sommes loin d'y voir une objection insoluble. Nous allons y répondre avec autant de bonne foi que de soin et d'attention.

1º Notre récit ne se borne pas à contredire ou à nier le miracle, il met à néant les preuves qui servent de base au miracle, les seules preuves qu'on ait à produire, puisqu'il résulte de ce récit que les enfants ont été trompés et fascinés, et que, malgré leur bonne foi, leur témoignage se produit dans une forme justement suspecte, et travaillé par le faux zèle. Il suit de là que l'invraisemblance de notre récit ne pourrait autoriser logiquement que cette seule et unique conclusion : *donc le miracle est vraisemblable*. Mais parce que ce principe, « le vrai peut quelquefois *n'être pas vraisemblable*, » a pour corrélatif nécessaire que « le vraisemblable peut fort bien n'être pas vrai, » on tombe forcément sur cette conclusion : *la miraculeuse apparition* pourrait bien n'être qu'une imposture, c'est-à-dire qu'on retombe malgré soi dans le doute.

2º Les invraisemblances qu'on croit pouvoir reprocher à notre récit ne sont point suffisantes pour décider un homme judicieux à le rejeter, par la raison qu'elles ne ressortent point de la nature des choses et des faits que nos hypothèses impliquent, non plus que du caractère ou de la situation des personnes. Qu'on examine, et l'on verra que, sur chaque point, ce que l'on appelle invraisemblance n'est pas autre chose que l'ignorance où nous sommes des voies et moyens qui ont conduit au résultat, et des causes de détail qui l'ont immédiatement produit; c'est l'invraisemblance d'un tour subtil quand on n'en a pas l'explication, d'une énigme dont on n'a pas le mot, d'un phénomène physique pour celui qui n'est pas initié à certain secret de la nature.

3º S'il y a des invraisemblances dans notre récit, il y en a de beaucoup plus choquantes et de la pire espèce dans la supposition de l'apparition miraculeuse; car ici l'invraisemblance ressort de la nature même des choses; elle cause de la répugnance au bon sens; elle est en opposition, au moins apparente, à des notions certaines; elle a ces fâcheux caractères dans les points suivants, auxquels nous voulons bien nous borner :

Dans le moyen adopté par la sainte Vierge pour donner au peuple chrétien des avertissements graves et importants. Elle choisit pour intermédiaires deux petits êtres dont le témoignage est, par lui-même, incapable de donner la certitude; elle laisse ce témoignage sans appui, et ne prend aucun moyen pour le préserver des altérations du faux zèle....

Dans le costume adopté par la Mère de Dieu, comme si elle n'avait pas pour se faire reconnaître mille moyens plus dignes et plus efficaces. Costume ridicule dans ses détails, et qui dénote la recherche et l'effort d'une industrie fanatique....

Dans ces paroles : « Ah! vous ne comprenez pas le français, mes enfants; attendez, je vais vous le dire en patois. » On conçoit une bévue de la part d'une intrigante, mais il répugne d'admettre une erreur ou même une distraction de la part de la très sainte Vierge...

Dans ces autres paroles : « *Ils vont à la boucherie comme des chiens.* » Langage messéant, comparaison ignoble et que rien ne peut justifier, puisque des pâtres comprennent tout aussi facilement un langage décent et digne qu'un langage grossier....

En résumé, rien ne démontre la fausseté de notre récit; nos hypothèses n'impliquent aucune impossibilité ; si nous ne pouvons pas échapper entièrement à l'invraisemblance, nous la retrouvons, mais beaucoup plus choquante, dans la croyance au miracle. Donc *un catholique judicieux peut douter de l'apparition de Marie Mère de Dieu aux enfants de la Salette.*

Nous allons maintenant discuter la preuve extrinsèque sur laquelle s'appuient les partisans de l'apparition miraculeuse. Beaucoup d'entre eux, paraît-il, sont plus touchés de cette preuve que de la précédente. Ils conviendraient volontiers que le témoignage de Maximin Giraud et de Mélanie Matthieu n'offre pas toutes les garanties désirables de certitude, si on le considère en lui-même; mais ils soutiennent que Dieu l'a confirmé et le confirme encore par d'éclatants miracles, ce qui donne à ce témoignage, et par conséquent au miracle de l'apparition lui-même, une certitude complète et manifeste. — Leur raisonnement, comme on le voit, se fonde sur deux choses, dont ils doivent être en mesure de faire la démonstration : 1° des miracles proprement dits ont été accordés par

Dieu à l'invocation de Notre-Dame *de la Salette;* 2° un mi-racle accordé à l'invocation de Notre-Dame *de la Salette* a une liaison certaine avec l'apparition miraculeuse de la très sainte Vierge aux deux pâtres de la Salette, et la vérité du second miracle entraîne nécessairement la vérité du pre-mier.

Les croyants démontrent-ils ces deux points? Voilà entre eux et nous la question à débattre. Nous leur ferons bonne guerre sur le premier point, et nous aimons mieux le leur ac-corder sans restriction, que d'engager avec eux une discussion sur les faits qu'ils mettent en avant comme véritablement mi-raculeux à l'appui de leur ferme croyance. Seulement nous les prévenons que nous trouvons trop élastique la définition du miracle telle qu'on la lit dans des écrits fort accrédités parmi eux. Dire qu'un miracle *est un fait qui implique une dérogation aux lois de la nature,* c'est se jeter dans un vague fort obscur, dont la théologie ne s'accommode pas mieux que la philosophie. Il fallait dire : « Un miracle est un fait qui implique *certainement* une dérogation aux lois bien *certaine-ment connues* de la nature. » Nous soutenons que l'addition de ces deux mots est indispensable, et que, sans elle, il est impossible de s'entendre, quand on discute la question de sa-voir si tel ou tel fait est ou non miraculeux. Nous savons très bien qu'une tête tant soit peu scholastique, envisageant le mi-racle dans sa nature ou essence métaphysique, et considérant que Dieu peut bien, sans que les hommes s'en doutent, déro-ger *réellement* à des lois certaines, mais *inconnues pour nous,* ce qui n'en serait pas moins un miracle, pourrait soutenir qu'à ce point de vue la première de ces deux définitions vaut mieux que la seconde. Mais ici le faux consiste précisément à prendre le point de vue en dehors de la question, et comme s'il s'agissait de subtilités purement ontologiques; tandis qu'il s'agit de faits bien réels, destinés à être remarqués, discutés et jugés par les hommes, de faits dont les hommes puissent conclure l'intervention de la puissance divine, et dans lesquels ils soient à même de reconnaître avec certitude le cachet di-vin. Or il est de toute évidence que, les circonstances d'un fait ayant été mûrement examinées, s'il y a de l'incertitude, ou bien sur une loi présumée de la nature que ce fait semble contra-rier, ou bien sur la dérogation à cette loi, il y a par cela seul et nécessairement incertitude sur l'intervention divine ; dès lors le fait, certain, si l'on veut, comme fait, est incertain comme miracle, et personne n'a le droit de dire : *Digitus Dei hic est.* — *Le doigt de Dieu est là.*

On raisonne donc fort mal quand on conclut qu'un fait est miraculeux, dans le sens stricte de ce mot, de ce qu'il est pour tout le monde inexplicable. Qu'il soit extraordinaire, étonnant, inexplicable, tant qu'on voudra ; qu'il soit diabolique, si on le veut ; tant qu'il n'est pas *certain* qu'il déroge à une loi *certaine* de la nature, vous n'avez le droit d'en conclure qu'une seule chose : l'ignorance humaine. Reconnaissez cette faiblesse et tenez-vous en là ; n'y ajoutez pas la présomption en criant au miracle. — Si l'on nous objectait qu'avec notre définition il serait impossible de jamais constater un miracle, par la raison que la nature et ses lois n'étant connues, par les savants eux-mêmes, que d'une manière imparfaite et très bornée, on pourra toujours supposer quelque loi occulte dont le prétendu miracle serait l'effet naturel, nous aurions à faire deux réponses qui sont sans réplique. La première consiste à retourner, purement et simplement, la difficulté contre ceux qui nous l'opposent. Ils ne sont pas moins que nous tenus à la résoudre ; car, s'il est vrai qu'on peut toujours considérer un fait extraordinaire, quelles qu'en soient les principales circonstances, comme le résultat naturel d'une cause occulte, il est vrai, par là même, qu'il ne peut y avoir aucun fait dont il soit raisonnable d'affirmer qu'il est l'effet d'une intervention surnaturelle et divine. Nos adversaires vont être nos obligés, car nous allons répondre pour eux et pour nous.

Assurément les connaissances humaines sur les lois de la nature sont très imparfaites et très bornées, mais il n'en est pas moins vrai que nous connaissons quelques-unes de ces lois avec une pleine et entière certitude ; que nous n'avons pas moins de certitude sur leur invariable fixité, et qu'on ne peut pas, sans pousser l'absurde jusqu'à la folie, supposer, en dehors de la puissance divine exercée extraordinairement par Dieu même ou par un être qui n'en serait que l'instrument, des causes occultes qui puissent violer ces lois, les suspendre ou y déroger d'une manière quelconque. On regarderait comme un imbécile celui qui croirait que, malgré de bons verrous et malgré une serrure bien fermée, sa porte s'est ouverte comme

d'elle-même, en vertu d'une loi physique inconnue. On place-
rait dans un dépôt d'aliénés celui qui s'obstinerait à garder le
cadavre de son père et s'opposerait à l'inhumation, sous prétexte qu'une cause occulte va peut-être lui rendre la vie. La
certitude, dans une multitude de choses qui appartiennent à
l'ordre matériel, est entière et complète, alors même qu'elle
n'est pas savamment raisonnée. Le maçon, le charpentier, l'ou-
vrier mécanicien procède à coup sûr, et il a la même confiance dans ses procédés que celui qui applique à son œuvre
les principes de la statique et de la dynamique. Du reste la
sécurité parfaite dans les choses de cette nature trouve sa
justification, et la certitude trouve sa base philosophique dans
ce double principe, qui est absolu : « Dans l'ordre physique,
les mêmes causes produisent toujours les mêmes effets *dans
les mêmes circonstances,* et les effets sont toujours propor-
tionnés à leurs causes. » Voilà une loi générale et absolue,
nous le répétons, et à laquelle toutes les autres, connues ou inconnues, sont nécessairement subordonnées. Otez ce principe, et il n'y a plus ni science, ni expérience, ni industrie,
ni métiers, tout devient incertain et problématique, tout se
trouble, et il n'y a plus que désordre, non-seulement dans le
monde physique, mais, par contre-coup, jusque dans le
monde moral ; il n'y a plus de Providence.

Voltaire a dit, nous ne savons plus dans lequel de ses pam-
phlets, un mot qui revient à ceci : « Pour admettre un miracle, je voudrais qu'il fût fait en présence de l'Académie de
médecine de Paris ou de la Société royale de médecine de
Londres, assistée d'un bataillon du régiment des gardes. » Cet
écrivain, qui a tant abusé de l'esprit contre le bon sens, n'a
peut-être jamais écrit de baliverne plus indigne d'un philo-
sophe que celle-là. — Sans nul doute, un jongleur n'aurait
pas beau jeu en présence de pareils témoins, et il s'y trouve-
rait fort mal à son aise. Nous reconnaissons aussi que, trop
souvent, une dévotion mal entendue et peu judicieuse a dé-
cerné les honneurs du miracle à des faits dont le merveilleux
n'aurait pas pu soutenir, à l'origine, l'examen attentif et le
contrôle impartial de quelques hommes éclairés. Mais dire
gravement que, pour croire à un miracle, on exige une telle
assistance, c'est extravaguer, sous prétexte de philosophie.
Ni la science, ni la force armée, ne pourraient intimider ni

embarrasser le moins du monde un véritable thaumaturge qui opère en public et au grand jour, sans aucun préparatif ni appareil, sans autre moyen que sa parole ou un acte dénué par lui-même d'efficacité et de portée, des faits dont tout le monde peut, à loisir, vérifier les circonstances matérielles par l'usage simultané des yeux, des oreilles, des mains et de tous les sens. S'agit-il de bien constater ces circonstances matérielles du fait? Mais faut-il donc être membre d'une société savante pour s'assurer d'abord que tel homme a eu, jusqu'à l'âge de quarante ans, une jambe sans vie et sans force ou plus courte que l'autre; ensuite qu'il a actuellement l'une et l'autre jambe dans un état normal, et que sa marche est devenue ferme et régulière? Est-il nécessaire d'avoir été initié à la science des Boërrhave et des Orfila pour décider qu'un homme est mort, bien et dûment mort, qu'il est ensuairé, enveloppé et empaqueté comme une momie, renfermé dans un tombeau, qu'il y est encore le quatrième jour, et qu'une odeur infecte s'échappe de son cadavre; puis, qu'à partir de ce quatrième jour, il revit, boit et mange comme par le passé, et rentre pleinement dans les fonctions et dans le commerce de la vie humaine? — S'agit-il de juger si l'ensemble de ces circonstances suppose une dérogation à des lois certaines de la nature? Mais l'ignorant et le savant voient aussi clairement l'un que l'autre que tout serait bouleversé et incertain dans l'ordre de l'univers si de pareils faits pouvaient se produire sans l'intervention extraordinaire de Celui qui a tout créé et tout réglé dans cet univers. Il est évident pour tous qu'il n'y a aucune proportion, aucun rapport naturel entre ces étonnants effets et la cause apparente qui les produit instantanément et qui est tout entière dans ces paroles : *Lazare, sortez du tombeau;* et dans celles-ci : *Au nom de Jésus-Christ, levez-vous et marchez.*

Tels sont les miracles évangéliques : ils dérogent, de la manière la plus manifeste, à des lois naturelles connues avec certitude par tout le monde, et sans l'invariable fixité desquelles nous tomberions dans le chaos. Ils ont un cachet divin si bien imprimé et si saillant, que l'homme du peuple le discerne aussi nettement que l'homme de la science, et que l'homme de la science ne peut pas plus le nier ou le contester que l'homme du peuple. Supposons donc que les partisans de

la Salette sont en mesure de mettre en avant, à l'appui de
l'apparition miraculeuse, plusieurs guérisons qui soient carac-
térisées comme les miracles évangéliques et portent avec elles
un cachet divin très manifeste. Nous soutenons que ces faits,
supposés miraculeux, ne confirment en aucune manière le témoignage des deux pâtres et la réalité de l'apparition.

A-t-on quelque raison solide pour croire que Dieu opère,
ordinairement, des miracles pour confirmer des vérités douteuses et contestées? S'il s'agissait de ces grandes vérités qui
occupent une place importante dans l'économie de la religion
et dont la croyance importe beaucoup à la gloire de Dieu et
au salut des âmes, on pourrait croire qu'il en est ainsi; on
pourrait même citer de nombreux exemples. Mais pour des
choses d'une très minime importance et qui ne sont pour la
religion que de petits accessoires, qui croira que Dieu ait
mis, pour ainsi dire, sa toute-puissance en disponibilité, au
service de notre curieuse ignorance? Quand nous n'avons pas
de bonnes preuves de ces choses dont la connaissance n'est
pour nous ni nécessaire ni notablement utile, il veut que nous
restions modestement et humblement dans le doute, qui est
alors un bon usage de notre raison. Donc on en userait mal si
l'on voulait chercher habituellement, dans un miracle, la confirmation d'une chose contestée. Il est du moins bien évident
qu'on ne pourrait affirmer cette confirmation qu'autant qu'il y
aurait une liaison nécessaire et manifeste entre le miracle et
la chose contestée. La véritable question à débattre est donc
celle-ci : « Y a-t-il une liaison nécessaire et manifeste entre
une guérison miraculeuse accordée à l'invocation de Notre-
Dame de la Salette et l'apparition réelle de la sainte Vierge
sur la montagne de ce nom? »

La liaison entre ces deux choses paraîtra peut-être évidente
à ceux qui ont eu le courage d'appliquer au fait de la Salette
ces paroles, que le docteur Gamaliel adressa à ses collègues
du Sanhédrin, pour les détourner de toute persécution contre
la prédication de l'Évangile : « Si ce dessein ou cette œuvre
vient des hommes, il tombera; s'il vient de Dieu, vous ne
pourrez pas le détruire. » (Act. v, 38.) Quelles étranges illusions on se fait, quand on tient à justifier un parti pris, à défendre une opinion dont on s'est déclaré partisan et propa-
gateur! Comment des hommes graves d'ailleurs et éclairés

n'ont-ils pas compris que ce langage, qui dénote une profonde
sagesse quand on l'applique au christianisme naissant, n'est
plus qu'une vaine puérilité si on l'applique au prétendu miracle de l'apparition de la sainte Vierge? Le christianisme ne
tendait à rien moins qu'au renversement de tous les cultes
reçus, y compris le culte mosaïque, qui était d'institution divine, et à une révolution complète dans l'ordre religieux et
moral. De plus, comme il prenait pour base la divinité de Jésus son auteur, s'il ne venait pas de Dieu, il était la plus
audacieuse, la plus sacrilége, la plus impie de toutes les im-
postures; il était une entreprise infernale contre Dieu même.
Mais l'histoire de la Salette, vraie ou mensongère, qu'est-elle
donc, quelle en est l'importance et quels peuvent en être
les effets? En quoi, si elle n'est qu'une fable, attaque-t-elle
les attributs de Dieu, ou compromet-elle le salut des âmes,
plus que mille erreurs que le ciel n'empêche pas? Ne faut-il
pas une singulière préoccupation pour comparer des choses si
radicalement dissemblables? Et que ne verront pas, dans leur
imagination, ceux qui croient voir là une sérieuse analogie?

Les hommes ainsi disposés n'hésitent pas à soutenir qu'il y
a une liaison nécessaire entre les guérisons qu'ils ont enre-
gistrées et la réalité de l'apparition miraculeuse; il semble
même qu'à leurs yeux la révélation chrétienne n'a pas été
mieux confirmée par le ciel que la révélation faite le 19 septembre 1846 à Maximin Giraud et à sa compagne Mélanie
Matthieu. C'est ce que permet de conjecturer un emprunt
qu'ils ont fait à Richard de Saint-Victor, emprunt qui n'est
guère moins étrange que celui qu'ils ont fait à Gamaliel. Frappé
du magnifique et lumineux ensemble des preuves de tout
genre qui démontrent la divinité du christianisme, Richard a
exprimé son admiration dans des termes qui n'ont point paru
trop énergiques aux propagateurs de l'apparition pour expri-
mer sur ce fait la fermeté de leur croyance, puisqu'ils ont pris
ces mêmes paroles pour en faire la conclusion d'un de leurs
principaux écrits : « *Domine, si error est quem credimus, a
te decepti sumus.* Seigneur, si ce que nous croyons est une
erreur, c'est vous qui nous avez trompés. »

L'esprit éminemment judicieux de Mgr de Ginouillac, évêque
de Grenoble, n'a point donné dans cet enthousiasme. Il s'est

tenu prudemment à l'écart de la question précise que nous
posions tout à l'heure ; on voit même qu'il évite à dessein de
l'aborder en face, afin de n'avoir pas à la résoudre, pour peu
qu'on étudie son mandement du 4 novembre 1854, § 5, art. 2.
À la vérité, on y voit tout d'abord ces paroles : « Comment
admettre cette doctrine : que des miracles obtenus de Marie,
invoquée comme Notre-Dame de la Salette, quelque constants
qu'ils pussent être, ne suffiraient pas à établir le fait de l'apparition, et que, pour rendre cette preuve décisive, il faudrait qu'ils fussent directement opérés, pour prouver l'apparition même ? » Ce n'est pas là notre question. Car il importe
peu que la liaison entre le miracle et l'apparition soit immédiate et *directe*, puisque, si elle est réelle et certaine, on peut
conclure certainement du miracle à l'apparition. Si un miracle était opéré directement en preuve de l'apparition, la
conclusion en faveur de l'apparition serait évidente par elle-
même ; mais si le miracle n'est pas opéré directement en
preuve de l'apparition, la même conclusion est-elle légitime ?
Oui, si on y est conduit par une déduction bien claire et bien
logique ; c'est-à-dire si l'on démontre la liaison entre le fait
subséquent et le fait antécédent. Non, si cette liaison reste douteuse. Or c'est là précisément le point que Mgr de Ginouillac
s'abstient de discuter. Il a pu hardiment poser ensuite cette
question : « Quel est le théologien, quel est le canoniste qui,
pour constater *suffisamment* des faits de ce genre, a jamais
requis que les miracles qui en sont la suite ou qui s'y rattachent fussent formellement opérés en confirmation de ces
faits ? » Mais, de notre côté, nous demandons hardiment quel
est le théologien, quel est le canoniste qui a prétendu qu'un
fait peut être la preuve certaine d'un autre fait, sans qu'il y ait
entre ces deux faits une liaison réelle et manifeste ?

De plus, la suite du texte montre très clairement que par
ces mots, *constater suffisamment*, Monseigneur n'a point entendu parler d'une constatation qui donne la certitude en ex-
cluant le doute, mais d'une constatation qui satisfait aux règles
canoniques, et qui suffit à justifier une dévotion spéciale. Sa
pensée tout entière se manifeste par ces graves paroles : « Et
n'est-il pas évident que, pour regarder un sanctuaire comme
un de ces lieux saints et privilégiés où Dieu se plaît à départir
et auxquels il attache des faveurs qu'il n'accorde pas à d'autres,

il ne faut rien de plus que les grâces qu'on y obtient et les miracles qui s'y opèrent? » Sa pensée se montre plus clairement encore, lorsqu'il dit un peu plus loin, page 45, en parlant des *apparitions même approuvées, que l'approbation leur donne seulement le caractère d'une vraie probabilité.* Or comme une vraie probabilité peut couvrir une *véritable erreur*, il s'ensuit qu'un *véritable doute* plane sur l'apparition dont il s'agit. Il reste, du moins, que Mgr de Grenoble s'est judicieusement abstenu de trancher et même de discuter la question de savoir s'il y a une liaison nécessaire entre les grâces miraculeuses accordées à l'invocation de Notre-Dame de la Salette et le fait de l'apparition.

Voici comment on raisonne pour établir l'affirmative : Il y a une liaison nécessaire entre deux choses, quand l'une étant supposée on ne peut pas nier l'autre sans tomber dans l'absurde ; or, dans l'hypothèse d'une guérison miraculeuse accordée à l'invocation de Notre-Dame de la Salette, si on persiste à nier la réalité de l'apparition, on se trouve forcé de dire que Dieu même a confirmé une erreur par un miracle, ce qui est impie et absurde. En effet, ceux qui demandent des grâces extraordinaires par l'intercession de la sainte Vierge de la Salette croient à l'apparition ; or le miracle qu'ils obtiennent les affermit dans cette croyance ; donc si cette croyance est erronée, c'est Dieu même qui confirme l'erreur.

Avant de dépecer ce raisonnement, nous allons en faire toucher au doigt la fausseté par des applications, et montrer à quelles conséquences il pousse logiquement et forcément.

Il y a toujours eu et il y aura toujours de ces sanctuaires privilégiés dont parle Mgr de Ginouillac, où le ciel accorde des faveurs miraculeuses qu'il n'accorde pas ailleurs. Or si l'on remonte à l'origine des pèlerinages et des différentes dévotions qui ont rendu ces lieux célèbres, on ne trouve, bien souvent, que des choses fort étranges et qui ne reposent sur aucun témoignage un peu consistant, mais que le peuple croit. Un miracle affermit le peuple dans cette croyance ; donc la vérité de ces choses a une liaison nécessaire avec un miracle accordé à ce pèlerinage ou à cette dévotion... Bien plus, comme le peuple ajoute très souvent à ces merveilles originaires, vraies ou fausses, des fables ridicules et controuvées, une pauvre femme qui croit à ces fables ne pourra pas, quelle que soit sa foi, sa ferveur, sa persévérance, obtenir une grâce extraordinaire dans ce sanctuaire; parce que Dieu, en la lui accordant, confirmerait ses croyances erronées.

Un fervent chrétien, nommé Gaspar à son baptême, fait cent lieues pour aller en Allemagne prier sur le tombeau des rois mages et solliciter une guérison miraculeuse par l'intercession de son patron. Si les restes mortels de ces princes de l'Orient ne sont pas véritablement dans ce tombeau, Dieu doit à sa véracité, malgré la foi vive de cet homme, de lui refuser la grâce qu'il demande; ou si Dieu l'accorde, nous devons croire, sous peine d'être absurdes, que les ossements des mages sont là véritablement, et qu'ils s'appelaient Gaspar, Melchior et Balthasar; car notre pèlerin n'a aucun doute sur le nom de son patron, et le ciel ne peut pas plus confirmer une erreur de cette nature que n'importe quelle autre.

Si le corps de Marie-Madeleine était véritablement à la Sainte-Baume, comme on le soutenait, Dieu ne pouvait pas faire de miracles à Vézelay, où l'on prétendait posséder ce même corps; mais si ce corps était à Vézelay, il n'était pas possible d'obtenir un miracle à la Sainte-Baume. Et s'il y avait erreur dans l'un et l'autre endroit, ne fût-ce que par la confusion qu'on y faisait peut-être entre les différentes femmes du nom de Marie dont l'Évangile fait mention, tout miracle, par l'intercession de Marie-Madeleine, était impossible à la Sainte-Baume comme à Vézelay, parce qu'il eût été la confirmation d'une erreur.

Ces conséquences ressortent logiquement du raisonnement ci-dessus; elles sont, pour ne rien dire de plus, très douteuses en soi; donc la force du raisonnement est très douteuse elle-même. Mais nous allons prouver que ce raisonnement n'est qu'un sophisme.

Il n'y a point de liaison entre deux choses, du moment que la réalité de l'une s'explique parfaitement, malgré la fausseté de l'autre. Or, en supposant la fausseté de l'apparition de Marie aux pâtres de la Salette, un miracle accordé à l'invocation de Notre-Dame de la Salette s'explique parfaitement, par la bonté de Dieu, par la force de la foi, par la puissante intercession de la Mère du Sauveur, toutes choses auxquelles ne peut pas faire obstacle une erreur très innocente et sans conséquence aucune pour la foi ou les mœurs.

Il est faux de dire que, dans l'hypothèse, Dieu confirme une erreur par un miracle; il confirme la confiance dans la médiation de Marie, et rien de plus. Quant à l'erreur de fait, il la trouve dans certains esprits et il la laisse; il ne les y confirme pas, c'est eux qui s'y confirment par un mauvais usage de leur intelligence et un faux raisonnement, dont il n'est point obligé par sa véracité à les préserver. Il est digne de lui d'avoir égard à la droiture de leur cœur, à la vivacité de leur foi, à la ferveur de leur prière, plutôt qu'à une faiblesse de leur esprit; autrement il faudrait soutenir qu'il est tenu à restreindre les effets de sa miséricorde, à enchaîner sa bonté, et à limiter le crédit et la puissance de sa Mère, uniquement parce qu'il prévoit qu'on va tirer de fausses conséquences de ses bienfaits. Cela est absurde.

Il faudrait avoir l'esprit bien obtus, ou bien être étourdi par d'étranges préoccupations, pour confondre l'hypothèse que nous examinons avec le cas où un thaumaturge annonce et opère des miracles, en confirmation d'une doctrine ou religion nouvelle qu'il prêche au nom de Dieu même et à titre de ministre du ciel, comme saint Pierre, lorsqu'il ose dire à ce pauvre infirme qui demandait chaque jour l'aumône à la principale porte du temple : « Je n'ai ni or ni argent, mais ce que j'ai je vous le donne. Au nom de Jésus-Christ de Nazareth, levez-vous et marchez. » Dans ce cas il est évident que tous les attributs de Dieu sont directement compromis et responsables de la vérité, et que, s'il y a imposture, il se doit à lui-même, il doit à ses enfants, qu'on veut séduire en invoquant son nom, sinon de foudroyer une audace impie, du moins de la confondre en la livrant à une honteuse impuissance. Mais il n'y a rien de pareil dans notre hypothèse. Une âme sainte et fervente croit faussement, dans sa simplicité, et cela d'après son directeur de conscience, d'après son curé, d'après son évêque, un fait qui lui semble en harmonie avec sa foi et avec toutes ses pensées religieuses; c'est dans cette croyance et à cette occasion qu'elle sollicite une grâce miraculeuse; et l'on avance qu'en considérant cette erreur, dans laquelle un miracle l'affermirait, erreur innocente et sans danger ni inconvénient quelconque, Dieu ne peut pas l'exaucer! C'est une témérité! C'est ce dont ni la théologie, ni le droit canon, ni la philosophie naturelle, ne fourniront jamais la preuve.

Mais, nous dira-t-on peut-être, vous ne pouvez pas nier, et vous avez paru le reconnaître avec Mgr de Grenoble, que les guérisons miraculeuses confirment du moins la dévotion à Notre-Dame de la Salette; or il répugne de penser que Dieu confirme une dévotion qui a pour fondement une erreur, une adroite imposture.

Nous n'avons point dit et nous ne dirons jamais, sans une explication qui lève toute ambiguité, que les guérisons miraculeuses *confirment* la dévotion à Notre-Dame de la Salette; mais nous dirons avec Mgr de Grenoble qu'elles *autorisent suffisamment* cette dévotion, ce qui est fort différent, attendu que ce mot *autorisent* ne peut porter que sur la dévotion même, et non sur la croyance au fait de l'apparition; tandis que le mot *confirment* pourrait être entendu des deux. Que si l'on tient à ce dernier mot nous l'admettrons, mais en soutenant qu'il faut l'entendre uniquement de la dévotion, en tant qu'elle est un hommage rendu à la charité et à la puissance de la Mère de Dieu, et nullement en tant qu'elle implique la croyance à l'apparition. — Nous reconnaissons sans hésiter que Dieu ne peut ni *confirmer* ni *autoriser* une dévotion qui aurait pour fondement unique ou principal le succès d'une imposture; mais dans notre hypothèse l'erreur n'est point le fondement de la dévotion à Notre-Dame de la Salette, elle n'est que l'occasion, ou si l'on veut le motif accidentel. Si l'on veut absolument dire que cette erreur est le fondement de ladite dévotion, nous dirons, et on en conviendra, que c'est là un fondement très minime, purement occasionnel, tellement secondaire qu'il ne se soutiendrait pas lui-même dans la pensée des croyants, s'il ne s'appuyait sur la foi dans la bonté et la puissance de Marie, qui reste toujours ici le principal et indispensable fondement.

On insistera peut-être pour nous demander ce que nous dirions si quelqu'un obtenait un miracle par l'invocation de Notre-Dame de la Salette, après l'avoir sollicité expressément comme confirmation de l'apparition. — Quand on pourra nous exhiber un procès-verbal en bonne et due forme,

ou un rapport bien authentique constatant deux choses :
1º qu'un miracle proprement dit a été opéré ; 2º que la personne qui l'a sollicité avait subordonné sa prière à une clause
formelle équivalente à celle-ci : *Je demande que le miracle
ait lieu si l'apparition contestée est réelle, et qu'il n'ait pas
lieu si l'apparition est une fable;* quand, disons-nous, on nous
aura bien prouvé la simultanéité de ces deux choses dans un
seul et même fait, nous verrons ce qu'il conviendra de répondre.....

En attendant nous persistons dans notre doute sur l'apparition du 19 septembre 1846, parce que notre raison nous y
oblige. — Doute très raisonnable à considérer le témoignage
des jeunes pâtres; parce que si, d'un côté, on ne peut guère
contester leur sincérité, d'un autre côté on conçoit qu'ils ont pu
être mystifiés par un audacieux fanatisme, par une adroite
imposture que les circonstances ont favorisée, et dont le faux
zèle et la crédulité des premières dupes ont fait promptement
disparaître les indices. — Doute très raisonnable, à considérer les grâces obtenues par l'invocation de Notre-Dame de la
Salette; parce que, si l'on admet ces grâces comme véritablement miraculeuses, ces miracles n'ont point de liaison manifeste avec la réalité de l'apparition.

DEUXIÈME PARTIE.

La seconde proposition que nous avons à démontrer est
ainsi conçue : « Un catholique, soumis d'esprit et de cœur à
l'autorité de l'Église, peut se refuser à croire que la sainte
Vierge soit apparue aux jeunes pâtres de la Salette, le 19 septembre 1846. » — A nos yeux, toute l'importance de la présente controverse se concentre dans ce point, et nous ne l'aurions pas entreprise dans le seul but d'éclaircir les deux autres.
Il importe fort peu, effectivement, qu'on croie ou qu'on ne
croie pas à la réalité de l'apparition; d'un autre côté on peut,
sans inconvénient tant soit peu grave, laisser dans leur niai-

serie ceux qui s'imaginent qu'on manque de confiance, de respect, de piété filiale envers Marie, si l'on fait peu de cas de l'eau de la Salette. Mais la question devient très grave avec ceux qui se permettent d'invoquer l'autorité de l'Église en preuve de l'apparition miraculeuse. Cette prétention paradoxale implique des idées fausses, qui tendent à obscurcir les vrais principes sur la fidélité catholique, et dont la propagation serait très compromettante pour l'Église. Réfuter ces dangereuses exagérations, qui veulent s'imposer aux consciences, sous le nom de soumission chrétienne, voilà notre principal but. C'est ce que nous allons faire brièvement. Cette seconde partie et la suivante nous occuperont, à elles deux, moins longtemps que la première, parce qu'il ne s'agit plus d'examiner en détail les menues circonstances d'un fait, de comparer et d'apprécier des témoignages, et de discuter une série d'hypothèses; mais, ce qui est beaucoup moins long, quoique plus grave et plus scabreux, il s'agit de poser ou plutôt de rappeler des principes et d'en indiquer la portée.

De tout temps, l'orgueil et l'ignorance ont fait une double injure à la vérité révélée : injure de la part des incrédules et des hérétiques, qui consiste à nier ou à méconnaître la révélation, en totalité ou en partie; injure de la part de certains croyants, qui se font gloire de croire fermement à la révélation tout entière, mais qui se permettent d'y ajouter et de l'amplifier comme une œuvre incomplète, et qui la compromettent en y accolant des opinions humaines, auxquelles ils rendent et pour lesquelles ils exigent les mêmes hommages de respect et de soumission. Les premiers pèchent par haine de la vérité ou par d'injustes préventions contre elle, les seconds pèchent par amour d'eux-mêmes et de leur propre sens, et par une présomptueuse confiance dans des idées préconçues; les uns méprisent ou violent la doctrine céleste par des négations ou par des mutilations audacieuses, les autres la défigurent, l'obscurcissent et l'avilissent par des additions et des superfétations téméraires; ceux-là opposent des dédains ou des attaques passionnées à l'autorité de l'Église qui les condamne, ceux-ci emploient pour la défendre des armes qu'elle ne leur fournit point, et parce que *leur zèle n'est pas selon la science,* il n'aboutit trop souvent qu'à provoquer de nouvelles attaques et à procurer à l'ennemi des victoires partielles dont il se prévaut contre le catholicisme.

Il est donc essentiellement dangereux et compromettant, pour l'honneur de l'Église et pour le progrès de la foi, de ne voir que d'un seul côté les ennemis de la révélation, du côté de ceux qui la nient ou qui la mutilent, et d'accréditer en même temps, en leur accordant toute estime et toute confiance, ceux qui osent y ajouter et placer sur la même ligne qu'elle de pures opinions et des systèmes tout humains. Or voilà, nous le disons avec un regret amer, mais avec une conviction profonde, la grande illusion qui caractérise notre époque; voilà la grande et fatale déviation du zèle parmi les catholiques du XIXᵉ siècle. Car le zèle est grand de nos jours, autant et plus, peut-être, qu'à aucune autre époque, pour la défense de la foi et pour l'apologie de l'Église; grand du côté des auteurs qui se lancent dans la lice, et grand à proportion du côté de ceux dont le rôle est d'encourager et d'applaudir. Il faut reconnaître, en même temps, que le talent ne fait pas plus défaut au zèle que le zèle ne fait défaut à la défense. D'où vient donc que la défection s'augmente chaque jour d'une manière sensible et désolante? D'où vient, sans parler de la Belgique, du Piémont et de l'Espagne, où l'avenir se montre si peu rassurant pour la religion, d'où vient que dans notre France la bourgeoisie, qui se pique de lire et de raisonner, et la classe populaire, qu'elle entraîne tout naturellement à sa suite, s'éloignent de plus en plus des pratiques religieuses et des prêtres, en proportion, semble-t-il, des efforts que l'on fait pour les ramener dans les sentiers de la fidélité? Cela vient surtout, sans aucun doute, de ce que le zèle est sans mesure et sans règle, et qu'on y applaudit parce qu'il est le *zèle;* de ce que le talent téméraire et présomptueux dépasse le terrain où la défense est sûre, provoque des combats dans lesquels la victoire reste incertaine, et qu'on y applaudit parce qu'il est le *talent;* de ce que l'apologie et la défense font fausse route, et qu'on se met fort peu en peine de les redresser et de les discipliner, et parce que, trop préoccupés des ennemis du dehors, on se fie aveuglément à d'imprudents amis. Mais toutes ces témérités, toutes ces déviations, qui font avorter fatalement tous les efforts du zèle, peuvent se résumer en quelques mols : *Dans un temps où l'on ne supporte plus la saine doc- trine*, suivant l'expression de saint Paul, on croit habile d'in- voquer des idées paradoxales ou des notions problématiques et très contestables, pour soutenir ou venger des vérités cer- taines ; on prétend triompher du *rationalisme* en imposant avec la foi, et sur le même pied, des opinions et des systèmes ; pour confondre le *naturalisme*, on proclame, sans discerne- ment, miracles sur miracles, et l'on pousse les simples à crier au merveilleux et au surnaturel là où des esprits très solides et très catholiques ne voient que le naturel et le providentiel; on oppose à l'incrédulité raisonneuse une crédulité à toute outrance. Quelle folie !

Lorsque j'impute à mon siècle cette compromettante dévia- tion et ces déplorables témérités du zèle apologétique, je ne perds pas de vue qu'en dehors des vérités révélées, déclarées comme telles par l'Eglise, et de leurs conséquences manifestes, il y a les conséquences plus ou moins éloignées, qui ont fourni de tout temps une matière très ample et très variée aux débats de la théologie. Je n'oublie pas que ces débats ont été quel- quefois très animés, très ardents, et même poussés jusqu'à la violence. Je sais, par conséquent, et je le reconnais, que ce n'est pas d'aujourd'hui qu'on se passionne pour des opinions. Mais je sais aussi que les théologiens, quand ils n'étaient pas emportés par la chaleur des discussions verbales, dans les luttes de l'école, respectaient les opinions de leurs adversaires, et ne se hasardaient point à en contester la légitimité et l'or- thodoxie. Surtout, ils respectaient trop l'Eglise enseignante pour alléguer son autorité sur des points qu'elle n'a pas déci- dés ; ils ne violaient pas cette maxime de saint Augustin : *In dubiis libertas ;* en un mot, ils laissaient les opinions dans la catégorie des opinions. Et, du reste, si, par exception, ils manquaient à cet égard de modération et de mesure, ils n'é- chappaient pas à un blâme sévère, ils avaient à redouter quel- que répréhension grave et officielle, et l'on vit plus d'une fois l'autorité supérieure interdire la controverse à des adversaires trop chaleureux. Mais de nos jours, une multitude d'écrivains ne connaissent plus ces justes et sages tempéraments; des théologiens et des canonistes improvisés, des journalistes, sa- vent prendre résolument leur parti sur des questions qu'on avait, au temps passé, la simplicité de regarder comme dou-

teuses ; ils ne reconnaissent plus d'opinions controversables ;
toutes leurs thèses sont des axiômes, ou tout au moins, de ces
vérités qu'un catholique ne peut pas contester sans se compromettre. D'ailleurs, qui oserait les contredire ? Ils ont soin de
mettre en avant ces mots imposants qu'on lit presque à chaque
page de leurs écrits : *La foi... la doctrine de l'Eglise... l'enseignement catholique... la tradition chrétienne... la voix de
Pierre vivant dans sa chaire... les oracles du Saint-Siége...
la croyance des siècles chrétiens... la doctrine chère aux écoles
catholiques...* etc., etc.

Il faudrait tout un livre, et ce livre serait volumineux, pour
signaler les exagérations des controversistes modernes, en
ramenant à leur véritable sens et à leurs limites naturelles les
vérités théologiques qu'ils ont compromises et faussées parce
qu'ils les ont outrées suivant leur fantaisie. Un pareil livre,
s'il émanait d'une plume un peu habile, éclairée par des
études solides et guidée par un caractère sage, aurait une
double utilité : il prémunirait le clergé contre l'influence usur-
pée de tant de prétendus maîtres qui séduisent par leur ton
dégagé et leur langage décisif ; il apprendrait à certains mé-
créants que, bien souvent, leur haine ou leur mépris, leur opposition et leurs sarcasmes contre les enseignements théologiques, portent à faux, puisque tout en croyant poursuivre la
théologie, ils n'en poursuivent que la téméraire contrefaçon.
Nous ne pouvons que faire des vœux pour qu'un livre si utile
se produise enfin. Mais le sujet que nous traitons nous oblige
à réaliser l'idée de ce travail, dans la mesure de nos forces,
sur un point trop peu étudié, malgré son importance, et que
l'esprit d'exagération exploite autant et plus peut-être qu'aucun autre, sur cette question : *Quelle est, pour une conscience
catholique, la portée et la force des actes épiscopaux et ponti-
ficaux, relativement, 1° à certaines dévotions que ces actes
autorisent; 2° à des faits auxquels ces mêmes dévotions se
rattachent ?* Les applications à notre thèse sur *la Salette* se
présenteront d'elles-mêmes.

S'il s'agit d'une dévotion considérée en elle-même, et abstrac-
tion faite de ce qui a pu en suggérer l'idée et en fournir l'occasion, il n'y a pas de difficulté sérieuse ni de dissidence possible entre les catholiques ; ils reconnaîtront unanimement
qu'il appartient à l'autorité ecclésiastique, mais à elle seule,

de prohiber ou d'autoriser cette dévotion ; à elle seule, par
conséquent, de la juger d'une manière efficace, c'est-à-dire,
de porter à son sujet des décisions qui fassent règles pour les
consciences. Si la décision est prohibitive, nul ne peut, sans
pécher contre l'obéissance due aux supérieurs, pratiquer cette
dévotion. Si la décision est approbative, chacun peut, suivant
son attrait, se livrer à cette pratique et se promettre d'en tirer
un profit spirituel. Cela est incontestable, et, nous le croyons,
incontesté, soit que la décision émane de l'évêque diocésain,
soit qu'elle émane du Saint-Siége ; seulement, dans le second
cas, l'autorité étant beaucoup grande, la règle a beaucoup plus
de poids et de force. Il suit de là, et la conséquence est immédiate, évidente, qu'une dévotion ainsi approuvée doit être
respectée par ceux mêmes qui ne l'adoptent pas, et que le persifflage, la dérision, les déclamations dont elle serait l'objet
retomberaient sur le supérieur lui-même et seraient autant
d'offenses contre l'autorité. Cette conduite ne serait justifiée
ni par l'abus possible ni même par l'abus effectif de la chose,
puisqu'il est vrai de dire que l'homme abuse de tout, sans
excepter même ce qu'il y a de plus excellent et de plus propre à le sanctifier.

Ainsi donc, s'interdire toute dévotion improuvée par l'é-
vêque diocésain ou par le Pape, et respecter, dans sa conduite et dans son langage, toute dévotion approuvée par cette
même autorité, voilà certainement l'obligation de tout catholique. Mais voilà aussi la limite où s'arrête la force ou la portée des décisions épiscopales et pontificales sur certaines dévotions considérées en elles-mêmes. Hors de cette limite, les
principes de la théologie ne montrent plus de règles incontestables pour la conscience, et ceux qui prétendraient imposer
d'autres obligations, ne pourraient invoquer que des notions
vagues et mal définies, et des principes arbitraires, et ils tom-
beraient dans l'exagération.

Ce serait une exagération injustifiable que de conclure,
d'une approbation donnée par l'autorité compétente, que telle
ou telle dévotion doit passer dans notre esprit pour oppor-
tune, bien entendue et plus propre à produire d'heureux fruits
que sujette à inconvénients. Sans aucun doute, les déposi-
taires de l'autorité ecclésiastique sont juges de cette opportunité et de cette utilité, mais les jugements qu'ils portent en

pareils cas ne sont point une règle obligatoire pour nos propres jugements. Sans aucun doute, il y a toujours une forte présomption en faveur des décisions que les évêques et le Pape donnent sur ces matières, et nous reconnaissons que la modestie et l'humilité chrétiennes s'accommoderaient difficilement d'une opinion positivement arrêtée contrairement à leur approbation. Mais il est vrai pourtant que ni l'éminence de leur dignité, ni la maturité de l'examen auquel ils peuvent se livrer, ni les grâces d'état qu'ils sont en droit d'attendre, ne leur donnent une garantie suffisante contre les entraînements, contre les illusions, contre les appréciations fausses, contre les exposés fallacieux, et, par conséquent, qu'il y a plus d'une voie par où le doute peut s'introduire légitimement dans la pensée des subordonnés, après le jugement rendu par l'autorité supérieure. C'est que, d'une part, l'opportunité d'une dévotion et les effets salutaires ou fâcheux qu'elle est appelée à produire dépendent d'une multitude de causes, de conditions et de circonstances, et que, d'une autre part, rien ne prouve que ces causes, ces conditions, ces circonstances, seront toujours jugées et appréciées le mieux possible et avec une parfaite rectitude par les évêques ou par le Pape. En effet, quelque opinion qu'on adopte sur l'infaillibilité pontificale, on ne dira pas que le Pape est infaillible quand il juge de ce qui convient à tel temps, à tel lieu, à telle disposition des esprits; car ce serait dire équivalemment qu'il est infaillible dans toutes les choses qui deviennent l'objet de son attention, et dans toutes les mesures qu'il prend pour l'exercice de sa charge comme chef de l'Eglise. Or, nous ne pensons pas qu'il se soit jamais trouvé un théologien pour avancer cette monstrueuse doctrine. Il y a donc une exagération insoutenable à donner comme règle obligatoire de nos appréciations, sur l'opportunité et l'utilité d'une dévotion, l'approbation des supérieurs compétents; il est peu théologique de prétendre qu'un catholique est obligé à tenir pour bien entendue, dans l'intérêt général de la religion, toute pratique qui obtient quelque faveur du Saint-Siège.

Evidemment, les actes par lesquels les évêques, dans leurs diocèses, et le Pape, dans toute l'Eglise, formulent, promulguent et maintiennent des prescriptions auxquelles ils entendent donner force de loi, ont bien plus de portée et ils doivent

inspirer plus de respect que des encouragements donnés à
telle ou telle pratique; l'autorité se déploie plus largement et
plus fortement dans l'exercice du pouvoir législatif que dans
l'exercice de la juridiction gracieuse, par laquelle elle accorde
quelques faveurs à des dévotions purement facultatives. Or,
il serait faux théologiquement, de soutenir que c'est une obligation, pour un catholique, de croire, de tout règlement en
vigueur dans l'Eglise, qu'il est opportun et bien entendu dans
l'intérêt général de la religion. Ecoutons un des plus célèbres
théologiens du concile de Trente. Dans son traité *des lieux
théologiques*, ouvrage on ne peut plus accrédité dans les écoles,
Melchior Canus, évêque des Canaries, après avoir établi cette
proposition : « l'Eglise ne peut par errer sur la doctrine des
mœurs, dans les choses nécessaires au salut, » regarde comme
une conséquence de ce principe la proposition que voici :
« L'Eglise, lorsqu'elle dicte des lois à tout le peuple, en matière importante et qui se rattache spécialement aux mœurs
chrétiennes, ne peut pas ordonner quelque chose qui soit opposé soit à l'Evangile, soit à la raison naturelle. » Puis il
ajoute immédiatement : « Je n'entends pas approuver ici
toutes les lois de l'Eglise... Je sais qu'il y a quelques lois dans
lesquelles, certainement, on peut regretter de ne pas trouver
la sagesse et la mesure, s'il n'y manque pas encore autre
chose. » *Non ego, hîc, omnes Ecclesiæ leges approbo... Scio
leges nonnullas esse in quibus, sinon aliud prætereà quid-
quam, at prudentiam certè modumque desideres* (Lib. 5, cap. 5).
S'il est permis à une conscience catholique de penser qu'une
loi de l'Eglise manque *de sagesse et de mesure, tout au moins,*
à plus forte raison lui est-il permis de douter de l'opportunité
et de l'utilité d'une dévotion favorisée par l'autorité supérieure, et de craindre qu'elle ne produise, en somme, plus de
mal que bien.

Dans le même livre, le même auteur ne balance pas à dire
que : « l'approbation ou l'abolition des ordres religieux n'est
pas au nombre des choses sur lesquelles l'*Eglise* ne peut pas
se tromper, parce que cela dépend non pas de la *science*
seule, mais aussi de la *prudence.* » *Ordines vel probare vel
refellere, quoniàm non scientiâ solùm sed etiam è prudentiâ
pendet, non ad ea pertinet in quibus Ecclesia errare nequit.*
Bellarmin, dans son livre IVe, *De summo Pontifice,* et après

lui Tournély et De Lahogue, dans leurs traités de l'Eglise, tiennent sur ce point la même doctrine que Melchior Canus. On conviendra, sans doute, que l'approbation d'un ordre religieux n'a pas moins d'importance qu'une faveur accordée à tel ou tel pèlerinage, et que l'opportunité de cette dévotion se déciderait difficilement par les seules données de *la science ecclésiastique...* Et qu'on ne pense pas que cette doctrine, relativement à l'opportunité des mesures adoptées par l'autorité ecclésiastique, soit particulière à Melchior Canus. Plus d'un siècle après lui, un Jésuite, qui occupe un rang distingué parmi les meilleurs controversistes, le P. Véron écrivait, dans sa *Règle de Foi :* « Ce n'est point une erreur de dire que le Souverain Pontife, ou le concile général, peut errer dans les lois concernant les choses qui ne sont pas nécessaires au salut, ou bonnes ou mauvaises de leur nature, c'est-à-dire, en portant une loi superflue ou peu sage. » *Non est erroneum dicere Pontificem seu concilium generale posse errare in legibus quæ non versantur in rebus ad salutem necessariis vel per se bonis aut malis ; nimirum condendo legem superfluam an minus discretam* (Ch. 5).

Mais voulez-vous donc, va-t-on m'objecter, encourager la témérité de ces esprits hautains et superbes qui n'hésitent pas à mettre leur jugement au-dessus de celui des supérieurs, à tous les degrés de la hiérarchie? Nous blâmons toutes les témérités et nous n'en voulons encourager aucune. Notre but direct est ici de signaler et de combattre une exagération, et il se trouve que c'est, en fait, une témérité que nous avons combattue : c'est la témérité de ces maîtres tranchants et absolus qui, de leur autorité privée, entreprennent, sur une foule de points, de confisquer une liberté que J.-C. a laissée aux chrétiens et que l'Eglise ne dispute pas à ses enfants ; témérité qui procède de l'orgueil tout autant que l'autre ; témérité dangereuse pour l'Eglise, en ce qu'elle a naturellement pour effet de compromettre la fidélité catholique aux yeux de la raison, et de faire considérer la foi comme un joug intolérable.

Maintenant, pour appliquer ces incontestables observations à la dévotion de Notre-Dame de la Salette, nous sommes en droit de conclure qu'on ne peut, sous aucun prétexte, incriminer ceux qui persistent à douter de son opportunité, et à craindre qu'elle ne soit plus nuisible qu'utile à l'intérêt bien

entendu de la religion. Aux yeux de bien des catholiques sincères, pieux, graves et judicieux, l'accroissement de ferveur
que cette dévotion produit dans des âmes par avance très fidèles, est loin de compenser l'éloignement des pratiques religieuses, les ombrageuses défiances contre les prêtres, et les
funestes préventions qu'elle inspire ou qu'elle ravive dans une
multitude de chrétiens peu courageux quand il s'agit de surmonter le respect humain, et surtout mal affermis dans la foi ;
et quant aux conversions, ils pensent que, si elle en produit
accidentellement quelques-unes, elle en empêchera un bien
plus grand nombre. Ces catholiques sincères et judicieux
voient d'un côté de fervents apôtres de la Salette qui excitent
l'admiration et l'enthousiasme des fidèles, d'un autre côté les
libres-penseurs qui s'emparent de cet enthousiasme même et
de ce grand mouvement opéré dans un siècle tel que le nôtre,
à l'occasion de miracles mal caractérisés et très problémo-
tiques, pour décrier tout le surnaturel des siècles passés, moins
éclairés et plus crédules que le dix-neuvième, et pour soutenir que tout s'explique en définitive par ces quatre mots :
Amour du merveilleux et crédulité du côté des peuples, zèle
du prosélytisme et habileté du côté des prêtres. Quand on
considère de bonne foi et sérieusement cette lutte, suscitée
par la Salette, entre deux influences qui agissent en sens in-
verse sur les esprits, il est naturel de craindre que le résultat
total n'en soit pas heureux ; et encore une fois, personne n'a le
droit de trouver cette appréhension coupable et opposée à la
soumission due au Saint-Siége. Elle serait sans fondement et
tout au moins puérile, si le fait de l'apparition miraculeuse
était, comme les miracles évangéliques et tant d'autres, capable de résister à toute discussion et susceptible d'être rigoureusement démontré. Nous reconnaîtrons même qu'un catholique devrait déposer cette appréhension et avoir confiance
dans l'issue de la lutte, si la certitude de l'apparition ressor-
tait, comme conséquence manifeste, de quelqu'un des principes de la foi. Voyons donc si la certitude de ce fait se déduit
légitimement de ce que le Saint-Siége approuve la dévotion à
Notre-Dame de la Salette. Tâchons d'éclaircir cette question :
« Quelle est, pour une conscience catholique, *relativement*
aux faits qui ont donné lieu à une dévotion, la force et la
portée de l'approbation que cette dévotion a obtenue de l'autorité compétente? »

La fameuse distinction entre *le fait* et *le droit*, que le docteur Antoine Arnaud avait mise en avant pour protéger le livre de Jansénius, évêque d'Ypres, à qui le Saint-Siége imputait cinq propositions hérétiques, obligea les théologiens orthodoxes du XVIIe siècle à développer une autre distinction beaucoup mieux fondée que la première : la distinction entre les faits *dogmatiques* et les faits *historiques*. Ils rangèrent sous la dénomination et dans la catégorie excessivement restreinte des faits dogmatiques, ceux qui ne se vérifient et ne se constatent que par l'examen et la discussion des textes, et par la fixation exacte du sens dans lequel ces textes doivent être entendus ; ainsi : *Pélage a nié la nécessité de la grâce*, ou bien *la doctrine des cinq propositions condamnées comme hérétiques se trouve, équivalemment et en substance, exprimée et soutenue dans l'Augustinus de l'évêque d'Ypres;* voilà des faits dogmatiques. On les a ainsi appelés parce qu'ils ne sont pas autre chose que l'énoncé d'une *doctrine*, et qu'ils ont une liaison immédiate et nécessaire avec l'enseignement de la foi et avec la condamnation de l'erreur. On a parfaitement démontré, contre les jansénistes, que l'Église ne peut pas errer dans ses décisions sur le sens orthodoxe ou hétérodoxe d'un livre, et que les jugements qu'elle porte sur les faits de cette espèce obligent tout catholique à une adhésion sincère d'esprit et de cœur.

Les faits qui n'ont pas ce caractère doctrinal et qui se vérifient et se constatent par l'appréciation judicieuse des témoignages affirmatifs, sont rangés dans la catégorie commune des faits historiques. Leur certitude dépend de cette double question : Peut-on raisonnablement supposer, ou bien que les témoins se sont *trompés*, ou bien qu'ils ont été *trompeurs?* Question qui, à son double point de vue, est évidemment de l'ordre purement naturel, et pour laquelle on ne peut pas, sans passer pour extravagant, nier l'entière compétence de la raison. Or on chercherait vainement, dans les saintes Écritures et dans la tradition, quelque enseignement d'où l'on puisse déduire que l'Église décide péremptoirement les questions de cette nature, et que ses jugements sur la vérité ou la fausseté des faits historiques obligent les fidèles à une adhésion véritable. Si l'on interroge les théologiens, on trouve qu'ils enseignent le contraire. S'il n'était pas de bon ton, aujourd'hui, de hocher la tête et de sourire avec dédain lors-

qu'on entend citer un docteur de la Sorbonne ou tout autre
écrivain tant soit peu gallican, je pourrais invoquer le témoignage de Tournély, de De Lahogue, de Laluzerne et de bien
d'autres; celui du P. Véron, jésuite, sera beaucoup mieux
accueilli. Nous lisons dans le livre fameux de cet auteur *de
regulâ fidei*, cap. 2 : « *Tous les catholiques conviennent* que
le Pape peut, même comme Pape et entouré du sénat de ses
conseillers ou d'un concile général, errer dans des questions
particulières *de fait.* » *Conveniunt omnes catholici posse Pontificem, etiam ut Pontificem, et cum cœtu consiliariorum, vel
cum concilio generali, errare in controversiis facti particula-
ribus.* Ce controversiste célèbre prouve immédiatement après,
par la manière dont Turrécrémata et Bellarmin raisonnent sur
l'anathème du vie concile général contre le pape Honorius,
que ces deux théologiens pensaient, comme lui, que l'Église
peut errer sur la vérité ou la fausseté d'un fait historique.
Melchior Canus, chaud partisan comme ces derniers de l'infaillibilité pontificale, avait enseigné avant eux la doctrine de
Véron sur les jugements de l'Église dans les questions de fait.
Voici un passage remarquable sous plus d'un rapport, tiré du
livre de cet auteur déjà cité et du même chapitre :

« L'Église peut errer par ignorance, non-seulement *dans
son jugement sur les faits qui se sont produits,* mais même
dans ses prescriptions et ses lois particulières... Dans le chapitre *a nobis,* Innocent III a énoncé la raison vraie et décisive
de cette conclusion par ces paroles : « *Le jugement de Dieu
s'appuie toujours sur la vérité qui n'est ni trompée ni trompeuse; mais le jugement de l'Église suit quelquefois l'opinion,
qui est souvent trompeuse et souvent trompée.* » *Errare Ecclesia per ignorantiam potest, non in judicio solùm rerum
gestarum dico, sed in ipsis etiam privatis præceptis et legibus... Hujus vero conclusionis veram et idoneam causam In-
nocentius III reddidit in capite a Nobis de sententiâ excom...
per hæc verba : Judicium Dei veritati quæ non fallit nec fal-
litur semper innititur ; judicium autem Ecclesiæ nonnun-
quàm opinionem sequitur, quam fallere sæpè et falli contingit.* On voit par là combien était judicieuse et réellement
théologique l'observation qu'un laïque, homme à tous égards
fort distingué, adressait, dans la *Revue de l'Anjou et du
Maine* du mois d'août 1858, à un des théologiens de l'abbaye

de Solesme. Une controverse s'était élevée entre eux sur la question de savoir si la prédication de saint Julien dans le Maine remonte au temps des Apôtres ou si elle eut lieu sous Constantin. Le P. Bénédictin, qui s'était prononcé pour la première opinion, prétendait que son adversaire aurait dû « exposer au souverain Pontife les raisons qui le font douter, et attendre de *l'équité pontificale* une décision. » Voici la réponse; elle est pleine à la fois de justesse et de convenance : « Qu'un évêque, inquiet de ce qui concerne la liturgie de son Église, doive agir ainsi, nul doute. Mais un laïque interroger le souverain Pontife sur une question d'histoire, libre de sa nature! Que répondrait Sa Sainteté? Ces quatre mots de l'Évangile : *Quis me constituit judicem?* Qui m'a établi juge de cette question? » (S. L., 11, 14.)

Il est donc certain, d'après les principes de la théologie la plus saine et la mieux accréditée, que la décision même solennelle d'un évêque, d'un concile ou d'un pape, sur une question d'histoire, sur un point de critique, en un mot, sur un fait *non dogmatique*, n'est point une règle certaine, ni, encore moins, une règle obligatoire de nos jugements. Mais voici une preuve plus décisive que ne peuvent l'être les raisonnements des théologiens. Cette preuve est elle-même un fait, mais un fait de la plus complète notoriété. Une erreur sur une question de fait, sur un point de critique, erreur bien autrement importante que ne pourrait être l'erreur sur l'apparition de la Salette, erreur d'une grave conséquence pour l'ordre disciplinaire de l'Église, a pu s'y accréditer, s'y généraliser et s'y soutenir pendant six siècles, à l'ombre de l'autorité des évêques, des conciles et du Saint-Siége : plusieurs lettres et constitutions, attribuées faussement aux papes des premiers siècles, furent admises comme authentiques, et, à ce titre, citées partout, dans les statuts épiscopaux, dans les décrets des conciles, dans les bulles pontificales, et insérées, sur la même ligne que les statuts véritables de Nycée ou de Calcédoine, dans le *corps du droit canonique*. Plus tard, lorsque la *critique*, cette science qui agace si fort certains écrivains de parti et pour laquelle ils affichent un superbe dédain, lorsque la critique put enfin débrouiller le chaos du moyen-âge, elle n'eut pas de peine à démontrer que ces mêmes pièces étaient apocryphes et l'ouvrage d'un faussaire. Ceux même qu'elles pouvaient le plus intéresser prirent le parti d'en faire un abandon sans réserve. Jamais la dévotion de la Salette ne s'appuiera sur une approbation comparable à celle qui protégea si longtemps les *fausses décrétales*.

Il nous reste maintenant à répondre à quelques objections. Nos réponses vont confirmer nos preuves.

L'apparition de la très sainte Vierge sur la montagne de la Salette et tous les miracles sont, à la vérité, des faits sans liaison nécessaire avec les dogmes chrétiens, des faits *historiques;* mais ils n'en sont pas moins des faits *surnaturels*, et ce caractère, qui les distingue de tous les autres d'une façon si fortement tranchée, les fait rentrer dans le domaine de l'autorité *surnaturelle* conférée par Dieu même à l'Église. Or l'Église décide péremptoirement les questions de l'ordre surnaturel, et ses jugements dans ces matières nous obligent à donner une sincère et ferme adhésion. Donc toute conscience catholique doit adhérer au jugement de l'autorité ecclésiastique sur un miracle.

Sans nous arrêter aux observations ou aux distinctions dont est susceptible cette proposition : *l'Église juge péremptoirement les questions de l'ordre surnaturel,* nous répondons que la vérification d'un miracle n'est point une question de l'ordre surnaturel. En effet, lorsque l'autorité ecclésiastique entre dans cet examen, elle n'a que deux choses à discuter : 1° le fait, tel qu'on le présente et avec ses principales circonstances, est-il certain? 2° ce fait suppose-t-il une violation ou suspension des lois certaines de la nature? Autrement : le fait est-il vrai, et le fait est-il surnaturel? Or évidemment ces deux points sont de l'ordre purement naturel. Sur le premier il s'agit de savoir si les témoins ne sont ni trompés ni trompeurs ; il s'agit d'apprécier des témoignages humains par les seuls moyens de la sagesse humaine. Sur le second point, il s'agit de savoir si le fait dépasse les forces et la vertu des causes naturelles ; et, parce que l'Écriture, non plus que la tradition, ne fournit à cet égard aucune donnée, les évêques et le Pape ne sont pas ici plus compétents, et même sont moins compétents que les hommes de la science, sauf les cas où il y aurait lieu d'examiner la question accidentelle et secondaire de savoir si le fait dont on s'occupe ne doit pas être attribué à l'action du démon. Cette question spéciale est du ressort de la théologie principalement. Mais cette hypothèse réclame une courte explication qui, du reste, facilitera l'éclaircissement d'une autre obj·ction à laquelle nous avons à répondre.

C'est une des croyances de l'Église qu'il existe des démons, esprits déchus ennemis de la vérité et du bien. Nous ne savons pas jusqu'où va leur puissance ; mais l'histoire sainte et la tradition nous apprennent qu'ils peuvent, sous la main de Dieu et dans les limites que sa Providence paternelle non moins que sage leur a imposées, agir même sur les corps et produire des effets extérieurs et sensibles qui dépassent les capacités de l'homme. Lors donc qu'un fait est signalé à l'autorité ecclésiastique à titre de miracle, il lui appartient d'examiner si les circonstances extraordinaires qui le caractérisent ne sont point imputables à cette puissance occulte et malfaisante, qui voudrait accréditer des erreurs ou des superstitions. Ici l'Église a, manifestement, une compétence toute spéciale, et les jugements qu'elle porte font loi pour toute conscience catholique, moyennant une restriction toutefois, et la voici : à moins que ce jugement ecclésiastique n'aille jusqu'à prononcer que le fait en lui-même suppose nécessairement l'action directe du démon, *parce qu'il outrepasse la force et la vertu des causes naturelles* Quand un évêque, un concile, un pape, décide que dans un fait circonstancié rien ne dénote une intervention diabolique, et que ce fait ne tend à favoriser ni erreur ni superstition, il reste dans le surnaturel, et c'est à la révélation, à la saine théologie, qu'il emprunte ses raisons et ses motifs ; mais s'il veut déterminer la portée et la force des lois de la nature physique, il entre dans l'ordre purement naturel, il n'a plus que des données humaines ; sa décision, sur ce point précis, respectable et imposante tant qu'on voudra, ne donne point une entière certitude, et elle ne produit nullement une obligation de croire. Ajoutons que la question du fait divin, du miracle proprement dit, ne serait nullement jugée alors même que nous serions obligés à croire, sur la décision ecclésiastique, que le démon a été, dans un fait, le véritable agent et la cause efficiente ; car, pour qu'il y ait miracle proprement dit, il faut qu'il y ait violation ou suspension manifeste des lois de la nature. Or le démon, qui connaît beaucoup mieux que l'homme le monde matériel et ses secrets, les causes qui agissent sur la matière et leur harmonie mutuelle, ne peut-il pas, sans violer ni suspendre les lois de la nature, produire des faits extraordinaires et inexplicables, même pour les savants de premier ordre? Cependant de pareils faits, merveilleux à la vérité et surhumains, ne seraient point, à proprement parler, surnaturels; ils ne seraient pas divins, ils ne seraient pas des miracles.

En résumé, lorsque l'autorité ecclésiastique entre dans l'examen d'un fait qu'on lui signale comme miraculeux, elle n'a que deux questions essentielles à résoudre : le fait est-il attesté par des témoignages irrécusables et certains? Le fait suppose-t-il une violation ou suspension de quelque loi certaine de la nature? Or ces questions ne sont ni l'une ni l'autre de l'ordre surnaturel; donc de ce que l'Église juge péremptoirement dans les choses de l'ordre surnaturel, il ne suit nullement que les décisions qu'elle donne sur la réalité de tels ou tels miracles sont péremptoires.

C'est donc en vain, m'objecteront peut-être certains esprits qui ne veulent voir et considérer en toutes choses que les côtés qui semblent favoriser leurs idées préconçues, que l'Eglise a tracé des règles pour la vérification des miracles, si, même lorsque ces règles ont été observées, nous ne sommes pas obligés de croire à un miracle canoniquement vérifié. C'est en vain que le concile de Trente (sess. 24) a déclaré « qu'aucun miracle nouveau ne doit être admis s'il n'a été reconnu et approuvé par l'évêque, » prescrivant des mesures de sagesse et de circonspection pour discerner et constater la vérité, et réservant au Pontife romain ce qui pourrait donner lieu à de graves difficultés. Les paroles mêmes du concile : « que les miracles nouveaux ne doivent pas être admis sans la vérification et l'approbation : *Nulla admittenda esse nova miracula nisi recognoscente et approbante episcopo,* » entraînent cette conséquence : qu'on doit admettre la réalité d'un miracle, quand il y a en sa faveur vérification et approbation canonique.

La liberté laissée aux fidèles de refuser leur créance à la réalité d'un miracle, même après la vérification et l'approbation de l'autorité compétente, n'empêche pas le moins du monde que les règles prescrites par l'Eglise, à ce sujet, ne soient éminemment sages, et même, on peut le dire, nécessaires. Il est toujours à craindre que, dans les faits qui éton-

nent et qui semblent surhumains, il n'y ait pas autre chose
au fond que l'intervention du démon cherchant, au profit de
l'erreur ou de la superstition, à séduire les peuples par le
spectacle du merveilleux et par la contrefaçon du miracle. Il
fallait que l'Eglise prît des moyens pour prémunir les fidèles
contre ces séductions et pour écarter ce danger. Mais n'était-
il pas également très utile, nécessaire même qu'elle protégeât
les peuples, autant qu'il est en elle, contre leur excessive crédulité, et qu'elle cherchât à les préserver des illusions tentées
par des imposteurs ou des fanatiques? Or, telle est la fin, tel
est l'effet naturel des règles canoniques pour la vérification des
miracles; si elles ne produisent pas une entière certitude, elles
font du moins que les peuples ne restent pas livrés sans pré-
servatif à leur goût excessif du merveilleux, à l'audace et quelquefois à l'habileté de certains jongleurs; ils ont, pour
éviter d'en être dupes, l'examen sérieux et raisonné des premiers pasteurs et de leurs conseillers, et leur décision, autorité grave, toujours respectable, dont la décision atteint, dans
certains cas, le plus haut degré de probabilité. Les plus
simples, s'ils veulent attendre le jugement canonique, pourront encore se tromper, mais ils ne se tromperont du moins
qu'avec des hommes éclairés et sérieux, et ils éviteront les
mystifications humiliantes; après ce jugement, s'il y a place
encore pour le doute, il n'y aura plus de prétexte pour le mépris ni pour la dérision. Et ne voit-on pas combien cela importe à la dignité du culte? Si un miracle, canoniquement
vérifié, donne lieu à quelque dévotion que l'autorité compétente et surtout l'autorité pontificale approuve, c'est qu'il y
aura, en faveur de la réalité du miracle, des preuves, sinon
infaillibles et évidentes, du moins graves et de nature à faire
impression sur les esprits solides et réfléchis. Que d'autres
esprits d'une bonne trempe soient moins impressionnés de
ces preuves et croient avoir de bonnes raisons pour douter,
leur doute, bien que légitime, ne leur donne point le droit du
mépris, de la déclamation ou du persifflage; et la dignité du
culte se trouve, par là même, sauvegardée. C'est ainsi que la
liberté laissée aux catholiques de révoquer en doute un miracle canoniquement vérifié, se concilie fort bien avec la haute
sagesse et la nécessité des règles tracées par l'Eglise, pour la
vérification et l'approbation des miracles.

L'objection à laquelle nous répondons interprète d'une manière tout arbitraire et même fort illogique ces paroles du concile de Trente : « Qu'aucun nouveau miracle ne doit être admis s'il n'a été reconnu et approuvé par l'évêque. » Le bon sens, guidé par la grammaire et la logique, ne verra jamais que deux choses dans ce texte : 1° le concile rappelle et reconnaît une attribution des évêques, qui est en même temps pour eux une charge, et qui consiste à juger, après un mûr examen, s'il y a lieu de reconnaître tel ou tel fait comme divin, de le recommander à la piété des fidèles, et de l'*admettre*, pour une part quelconque, dans l'exercice du culte ; 2° le concile prohibe toute admission d'un miracle, pour une part quelconque du culte, avant la décision de l'évêque. C'est uniquement dans un intérêt liturgique que l'autorité intervient ici, et elle ne juge du miracle qu'à ce point de vue; elle n'entend nullement donner une règle de croyance aux fidèles sur cette double question : le fait est-il ou n'est-il pas indubitablement attesté? le fait suppose-t-il ou ne suppose-t-il pas une violation des lois de la nature ?

Mais venons à une objection moins futile, beaucoup plus spécieuse, à une considération qu'on a souvent invoquée, nous le savons, en faveur du fait de la Salette. Comment n'avez-vous pas vu, nous dira-t-on, la condamnation de vos théories sur l'autorité de l'Eglise relativement aux faits historiques, dans le livre même que vous citez avec tant de confiance, dans le traité *des lieux théologiques*, par Melchior Canus? Cet auteur, suivi en ce point par tous les théologiens, déclare formellement et répète que c'est une chose téméraire (*temerarium*), irréligieuse (*irreligiosum*), qui ne doit pas rester impunie (*nec impune licet*), de révoquer en doute les décrets de canonisation, et de refuser créance à l'Eglise lorsqu'elle inscrit quelque saint au catalogue des bienheureux et leur décerne les honneurs d'un culte public. Or, cette créance, cette adhésion au jugement solennel du Saint-Siége, sur la personne qu'il canonise, ne peut pas être obligatoire pour les consciences catholiques, s'il leur est libre de ne point croire un miracle et de le révoquer en doute, alors même que l'autorité supérieure l'a vérifié et authentiquement admis. En effet, puisqu'un décret de canonisation se fonde expressément sur les miracles opérés, de son vivant, par le personnage canonisé, et par son intercession après sa mort, s'il était permis de révoquer en doute les miracles vérifiés, admis et proclamés et que le décret allègue en preuve de la sainteté, il serait, par une conséquence rigoureuse, permis de révoquer en doute la sainteté elle même. On voit que la doctrine de Melchior Canus et des autres docteurs catholiques, sur l'effet et la portée des décrets de canonisation, implique et suppose l'obligation d'adhérer au jugement de l'Eglise sur la réalité d'un miracle.

Non, très certainement, l'enseignement des docteurs catholiques sur les décrets de canonisation, n'implique point la contradiction de nos principes sur les jugements ecclésiastiques dans les questions de fait. Non, l'adhésion sincère à ces décrets et la ferme croyance que ceux qui en sont honorés sur la terre sont véritablement récompensés et glorifiés dans le ciel, ne suppose pas et n'impose pas la croyance à tout miracle vérifié et proclamé par l'autorité. Deux choses s'opposent à cette prétendue connexion et démontrent qu'elle est imaginaire : 1° Les miracles signalés dans le décret ne sont pas l'unique fondement sur lequel il s'appuie ; il s'appuie en même temps, il s'appuie surtout sur la notoriété des vertus chrétiennes pratiquées par le saint dans un degré éminent et jusqu'à l'héroïsme ; d'où il suit que dans le cas où, malgré la force des témoignages, les faits miraculeux attribués au personnage canonisé ne seraient pas entièrement certains, le décret et la croyance qu'il impose auraient encore un fondement solide, l'héroïsme de la vertu ; 2° les bulles de canonisation proclament toujours plusieurs miracles ; on ne se contenterait pas d'un seul pour déférer les honneurs du culte public. S'il arrivait donc qu'un de ces miracles ainsi proclamés se trouvât faux ou incertain, la canonisation n'en aurait pas moins un double fondement très solide, à savoir : la certitude des autres miracles et la notoriété d'une vie sainte ; et celui qui aurait de fortes raisons pour révoquer en doute ce même miracle, ne serait pas fondé à en conclure que la sainteté effective du personnage canonisé est elle-même douteuse Donc l'obligation de croire à la sainteté et à la béatitude effective d'un personnage canonisé n'entraîne en aucune façon l'obligation de croire tout miracle vérifié et admis par l'Eglise.

Les théologiens qui ont enseigné et prouvé la doctrine qu'on nous oppose, et Benoît XIV lui-même, dans son grand traité *De la canonisation*, n'ont point mis en avant l'infaillibilité de l'Eglise sur la vérité ou la fausseté d'un fait miraculeux, ni l'obligation pour les fidèles d'adhérer aux jugements qu'elle porte dans ces sortes de questions. C'était pourtant l'occasion d'invoquer ces principes, s'ils étaient vraiment théologiques. Ils ont mis en avant ou ils ont insinué tout le contraire. Ecoutons Melchior Canus, qu'on voudrait nous opposer : « Le jugement de l'Eglise quelquefois suit l'opinion, à laquelle il arrive souvent d'être trompée ou d'être trompeuse.... *Cela fait comprendre facilement que les jugements de l'Eglise, qui dérivent du témoignage incertain des hommes, n'ont point la force de produire une foi ferme et à toute épreuve,* tel est celui par lequel elle décide que quelque saint doit être inscrit au catalogue de ceux qui ont droit à un culte. Cependant, il ne faut pas qu'on puisse impunément révoquer en doute ces sortes de décrets. Combien ne serait-il pas téméraire et irreligieux de refuser sa croyance à l'Eglise lorsqu'elle consacre ceux qui méritent nos hommages ! *Judicium Ecclesiæ nonnunquam opinionem sequitur, quam fallere sæpè et falli contingit.. Quâ ex re facilè intelligitur Ecclesiæ judicia quæ ab incertis hominum testimoniis proficiscuntur infirma esse ad certam et exploratam faciendam fidem; quale illud est quo sanctum aliquem divorum catalogo adscribendum censet. Nec tamen impunè licet hujusmodi decreta in dubium revocare. Quam temerarium et irreligiosum est in divis consecrandis Ecclesiæ abrogare fidem...*

Pour justifier son assertion sur la coupable témérité de celui qui refuserait son adhésion à un décret de canonisation, cet auteur s'attache à des considérations qui sont bien loin de favoriser la prétendue infaillibilité de l'Eglise relativement à la vérité des faits miraculeux, et qui même la contredisent. Mais citons le texte même, et que le lecteur juge : « Il importe beaucoup aux mœurs générales de l'Eglise de savoir à qui on doit rendre un culte; c'est pourquoi, si elle errait en ce point, elle tomberait dans une erreur grave en matière de mœurs. Un culte rendu à un homme damné ne diffère pas d'un culte rendu au démon. On doit donc croire que Dieu pourvoit spécialement à ce qu'une si grande erreur n'ait pas lieu dans l'Eglise, à ce que l'Eglise, *quels que soient les té-*

moignages humains sur lesquels elle s'appuie (qualibet hominum testimonia sequatur), ne se trompe pas dans la canonisation des saints. Une grande et abondante preuve de cette providence particulière, c'est qu'il n'est jamais arrivé que la créance à ceux qui sont témoins dans ces sortes de jugements, une fois admise, ait été infirmée, ce qui est arrivé souvent dans les causes de l'ordre civil. *Si, par hasard, les points ainsi jugés, pris en particulier, n'obtiennent pas la conviction,* cependant, par leur ensemble, par leur réunion et liaison mutuelle, ils devront certainement avoir assez de force pour que nous regardions ceux qui, dans ces questions, refusent de croire à l'Eglise, non à la vérité comme *hérétiques*, mais comme *téméraires, impudents, irreligieux*. » *Quæ (judicia) si singula fortè non movent, universa certè tamen inter se connexa atque conjuncta movere debebunt, ut qui fidem in his Ecclesiæ detrahunt, eos, non hæreticos quidem, sed temerarios, impudentes, irreligiosos esse credamus* (De locis theol., liv. 5, chap. 5).

Dans son livre *De la règle de foi*, chap. 2 § 7, le P. Véron professe une doctrine sur les décrets de canonisation tout à fait identique à celle de Canus; Tournély, imité en cela par De Lahogue, a emprunté à ces deux auteurs ce qu'il a écrit sur le même sujet, dans son Traité de l'Eglise. Benoît XIV, dont nous discuterons tout à l'heure un texte souvent cité, ne les a pas contredits. Or, voici en trois mots tout ce qu'on peut induire de cet enseignement unanime des théologiens les mieux famés : 1° il est certain, mais *il n'est pas de foi*, que l'Eglise est infaillible dans les décrets de canonisation des saints (Benoît XIV, *De la canonis.*, liv. 1er, ch. 45); 2° il y a obligation grave de croire à la sainteté effective de ceux qu'un décret du Saint-Siége inscrit au catalogue des saints; 3° si, dans les motifs de canonisation, considérés isolément, il s'en trouve qu'on puisse révoquer en doute, du moins l'ensemble des motifs produit une certitude entière qu'on ne pourrait pas méconnaître sans une coupable infidélité.

Nos adversaires se placent donc en dehors de la saine théologie, quand ils nous objectent que l'obligation d'adhérer à un décret de canonisation, implique et suppose l'obligation d'adhérer au jugement de l'Eglise sur la vérité d'un fait miraculeux. A plus forte raison, et encore beaucoup plus, ils s'écartent de la vérité théologique, lorsqu'ils prétendent que l'autorisation régulière et authentique d'une dévotion nous oblige à regarder comme vrai et certain un miracle qui a donné lieu à cette dévotion ; car cette autorisation n'est une décision que pour la dévotion elle-même, et, en la concédant, l'autorité n'a point entendu décider la question relative à la vérité du fait. Ce fait, elle le suppose vrai, mais elle ne porte pas un jugement sur sa vérité. L'opinion opposée n'a aucun fondement dans l'enseignement des docteurs catholiques ; elle est purement arbitraire, et si on l'examine de près, on trouvera qu'elle mène tout droit au ridicule et à l'absurde. Nous ne finirions pas si nous voulions faire une revue, même fort abrégée, des priviléges ou des faveurs accordés à une multitude de sanctuaires, de pèlerinages et de pratiques très variées, puis, remontant à l'origine et aux faits qui ont suggéré primitivement ces dévotions, montrer la masse énorme des décisions prétendues dont cette puérile opinion surcharge la responsabilité du Saint-Siége. On verrait combien on compromet la dignité de ce Siége auguste en le commettant avec l'histoire et la critique, sur une foule de points que, d'après des témoignages trop peu fidèles ou des documents plus spécieux que solides, il a pu supposer vrais, mais sur la certitude desquels il n'a point entendu donner une décision. Bornons-nous à quelques réflexions sur la récitation de la liturgie romaine. Ce n'est pas seulement une dévotion autorisée, c'est une pratique quotidienne, imposée comme gravement obligatoire à l'immense majorité des ecclésiastiques.

Plus d'une fois la Sibylle et les livres sibyllins sont mentionnés dans la liturgie romaine. Aurait-on le courage de soutenir, en partant de ce fait, que contrairement à l'opinion fortement motivée d'un grand nombre d'érudits judicieux non moins que savants, le Saint-Siége, en approuvant cette liturgie, a décidé que les anciennes sibylles ont véritablement prophétisé sur Jésus-Christ et sur son œuvre, que les vers sibyllins sont authentiques, et qu'on ne peut pas les attribuer à la pieuse fraude, au faux zèle d'un chrétien du premier ou du second siècle ? Osera-t-on dire, qu'en imposant la récitation de cette liturgie l'Église s'est prononcée sur l'authenticité et sur la parfaite véracité des légendes qui en font une très notable partie ? Ici l'absurde donnerait la main au ridicule. Car le bréviaire romain et ses légendes ayant été examinés et corrigés plus d'une fois, il s'ensuivrait de la bizarre doctrine qu'on voudrait nous opposer que l'Église, quand elle a prononcé la réforme d'une édition, *a décidé que l'Eglise s'était trompée dans ses décisions* lorsqu'elle avait approuvé les parties jugées réformables. Il s'ensuivrait, qu'après avoir *décidé* que tels et tels faits doivent être regardés comme certains, elle vient *décider* que ces mêmes faits sont incertains et qu'on peut les considérer comme faux.

Benoît XIV entendait bien autrement l'autorité de l'Église et la majesté du Siége apostolique. On ne l'accusera certainement pas de chercher à atténuer la force et la portée des approbations données par ses prédécesseurs aux éditions successives du bréviaire romain. Or voici ce qu'il a écrit au sujet des corrections dont ce même bréviaire pourrait encore avoir besoin au point de vue de la critique historique : « Quoique les faits historiques qui y sont racontés et approuvés s'appuient sur une autorité qui n'est pas mince, *il n'est pas défendu de soulever des difficultés à leur sujet, modestement et sur un fondement grave*, et de soumettre ces difficultés au jugement du Siége apostolique. » *Licet facta historica in illo relata et approbata non modicam habeant auctoritatem, non vetitum est ne, modestè et gravi fondamento, difficultates de iis excitentur, et Sedis apostolicæ judicio subjiciantur* (De canonis., l. IV, part. II, cap. XIII). Puisqu'il est possible d'opposer à des faits *admis et approuvés* par le Saint-Siége *des difficultés* appuyées *de raisons graves*, et permis de soumettre ces difficultés et ces raisons à l'autorité pontificale, cette autorité n'entend donc pas regarder l'approbation de ces faits et leur admission dans le bréviaire comme une décision proprement dite ou comme un jugement certain sur la vérité des récits... Un controversiste très moderne a voulu se prévaloir de ces mots : *soumettre ces difficultés au jugement du Siége apostolique*, pour insinuer tout au moins que, dans ces questions de critique historique, le jugement du Pontife romain est décisif et doit régler et arrêter nos convictions. C'était abuser du texte ; c'était donner à la pensée de l'auteur une extension que ses paroles ne comportent ni formellement ni implicitement. Il ne dit point que le jugement du Siége apostolique sera d'une incontestable certitude, il veut que les difficultés soient exposées à l'autorité la plus élevée ; mais il ne dit point que cette autorité prononcera infailliblement et de manière à écarter tous les doutes. — Objectera-t-on qu'on ne *soumet* des difficultés à l'autorité suprême que pour *se soumettre* soi-même au jugement qu'elle rendra? Nous répondrions d'abord que cette observation, vraie en elle-même, ne s'applique cependant avec justesse qu'aux cas dont la solution dépend surtout de la volonté du supérieur; mais que, dans les choses qui se décident moins par la volonté du supérieur que par sa science et ses lumières, si l'on s'en remet à sa décision par modestie, dans un esprit de paix et pour mettre fin à une controverse, on ne s'engage pas par là même à regarder la décision qu'il donnera comme irréfragable et comme règle sûre de conviction. Nous répondrions ensuite que le cas énoncé par Benoît XIV est complexe, et qu'il offre deux points de vue bien distincts et fort différents : le point de vue historique et le point de vue liturgique. Sous le premier rapport, la décision du Pape sera, sans aucun doute, une autorité grave, et cependant elle ne sera point péremptoire, elle ne donnera point une certitude proprement dite au fait qui est mis en question : voilà ce que nous soutenons, et les paroles que nous discutons n'insinuent rien de contraire. Sous le second rapport, la décision du Pape est péremptoire, parce qu'elle est souveraine, et c'est ce que nous ne contestons pas. Elle est péremptoire, parce que lui seul a le droit, après avoir balancé les raisons qui militent pour et contre tel ou tel fait, telle ou telle légende, de juger définitivement si ce fait ou cette légende peut faire partie de la liturgie sans détriment pour la dignité du culte. Quand il a porté ce jugement, chacun doit s'y soumettre dans la pratique, sinon dans sa pensée intime et en théorie; personne n'a plus rien à y refaire, à l'exception des successeurs, qui pourront fort bien, comme il est arrivé plus d'une fois en matière de convenance liturgique, porter sur le même point un jugement tout opposé.

Benoît XIV était si bien pénétré de cette vérité *que les jugements des Pontifes romains sur les faits et sur les légendes du bréviaire sont loin de produire une véritable certitude*, il se croyait si bien en droit de réformer les approbations et les décisions liturgiques de ses prédécesseurs, qu'il avait, le monde entier le sait, conçu, arrêté et fait en partie exécuter le projet d'une refonte du bréviaire romain. Evidemment donc nous pouvons invoquer l'autorité de ce grand théologien quand nous avançons que le Saint-Siége, lorsqu'il approuve une dévotion, n'a nullement l'intention de donner une décision sur la vérité des faits auxquels elle se rattache. Nous invitons les écrivains qui s'avisent, dans des controverses relatives à des questions d'histoire, de prendre un ton dévot pour opposer à leurs adversaires *la sainte liturgie*, à méditer un peu le passage suivant du traité *De la canonisation des saints.* Il s'agit du *Martyrologe romain*, c'est-à-dire du catalogue officiel et authentiquement approuvé des saints que Rome propose à la vénération, à l'invocation et à l'imitation des fidèles. Il est évident que la liturgie n'est pas moins intéressée que la saine critique dans l'admission et l'approbation de ce catalogue, d'autant plus que, dans le rit romain, la lecture d'un fragment du Martyrologe entre comme partie intégrante dans l'office de *Prime*. Voici donc comment Benoît XIV apprécie la portée des approbations données par ses prédécesseurs aux diverses éditions de ce catalogue : « Toutes les choses qui ont été insérées dans le Martyrologe ne sont pas d'une inébranlable vérité, comme le prouvent les fréquentes corrections qu'il a subies. » *Omnia quæ in Martyrologium inserta sunt, inconcussæ veritatis non sunt, ut ex repetitis illius correctionibus constat* (De canonis., l. IV, part. II, cap. XVII).

Nous avons prouvé que l'Église, lorsqu'elle approuve et favorise une dévotion quelconque, n'entend aucunement se prononcer sur la vérité des faits auxquels cette dévotion se rattache, ni obliger les fidèles à les tenir pour certains. — Nous avons prouvé que, dans les cas rares où l'Église se prononce sur la vérité d'un fait historique, surnaturel ou non, le jugement qu'elle porte ne donne point une entière certitude, et qu'il n'est point une règle obligatoire de croyance sur ce même fait. — Il est donc rigoureusement et surabondamment démontré « qu'un catholique, soumis d'esprit et de cœur à l'autorité de l'Église, peut se refuser à croire que la très sainte Vierge soit apparue à deux petits pâtres, sur la montagne de la Salette, le 19 septembre 1846. »

TROISIÈME PARTIE.

Il nous reste à prouver *qu'un catholique sincèrement pieux envers Marie peut révoquer en doute le même fait.*

Franchement, nous aurions honte de chercher à prouver méthodiquement cette dernière proposition. La contradictoire est tellement bizarre et saugrenue, que nous croirions tomber dans une puérilité ridicule en lui accordant les honneurs d'une discussion sérieuse. Est-il donc besoin d'admettre l'apparition de la Salette pour croire, d'après la sainte Écriture et surtout d'après la tradition, que Dieu a voulu donner à l'auguste Mère de son Fils une large part dans l'œuvre de notre salut et dans la dispensation des grâces dont Jésus-Christ est l'auteur et la source? pour croire à la puissante intercession de Marie ou à sa tendre charité envers les chrétiens? pour croire à la réalité et à la solidité des titres, si glorieux pour elle et si consolants pour nous, que l'Église se plaît à proclamer?... Avant le récit stéréotypé, mais quelque peu suspect, de Maximin et de Mélanie, n'avions-nous pas l'histoire grave et imposante d'un grand nombre de miracles beaucoup mieux avérés et d'un bien meilleur aloi, beaucoup plus éclatants et pourtant moins étranges, obtenus par l'invocation de la sainte Vierge, et qui sont des preuves irrécusables de son crédit auprès de Dieu?... N'est-il pas irrespectueux, trop peu charitable, injuste même, de révoquer en doute la piété sincère d'un grand nombre d'évêques, de prêtres vénérables et de laïques vertueux et bons chrétiens, qui ne croient ni à la réalité de l'apparition ni à la vertu des eaux de la Salette?...

Voilà ce que nous demanderions, voilà ce que nous dirions avec quelque développement, pour ramener à des pensées plus modestes et plus charitables une de ces âmes que leur ignorance et l'étroitesse de leurs idées n'empêchent pas d'être chrétiennes ferventes; qui ont, à la vérité, une foi très ferme et une conduite exemplaire, mais qui sont un peu trop entêtées de leurs dévotions, si elle se scandalisait de ce que nous ne

pensons pas comme elle sur le miracle de la Salette. Mais que
dire à des hommes graves, à des prêtres même qui se piquent
d'être instruits, et qui effectivement ne manquent ni de ta-
lents ni de lumières, s'ils affectent de se mal édifier quand on
ose révoquer en doute les merveilles racontées par les deux
jeunes pâtres? Que leur dire pour leur montrer qu'ils ont
tort? Rien. Car il nous répugne de les traiter, en leur faisant
les questions formulées ci-dessus, comme nous traiterions la
femme d'un sacristain de village. Mais s'ils prennent leur air le
plus recueilli, leur ton le plus mystique et le plus sévère pour
nous faire entendre qu'ils nous regardent comme indévots, ne
nous sera-t-il pas permis de prendre à notre tour une attitude
quelque peu fière, et de leur demander s'ils ne seraient point
les complices ou les dupes de certains dévots indiscrets qui
trouvent, depuis quelque temps, beaucoup trop d'écho en
France, et qu'il devient urgent de signaler à la vigilance et au
zèle judicieux de Nos Seigneurs les Évêques? Les leçons de
ces prétendus maîtres en dévotion ont une triste analogie avec
l'enseignement des pharisiens. Ceux-ci abusaient du grand et
très légitime attachement du peuple israélite à la loi et aux ob-
servances mosaïques, pour le fanatiser en faveur d'une multitude de pratiques minutieuses, ridicules, odieuses même, et
de traditions fantastiques, dont l'ensemble finissait par substi-
tuer une religion tout humaine et toute de caprice, de cupi-
dité et d'orgueil, à la place de la religion véritable. Nous n'accusons pas les pharisiens de notre époque d'avoir le même
orgueil ou la même ambition ; mais si leur zèle est moins in-
téressé et plus pur, il a les mêmes procédés, et il produit
dans son genre des effets tout semblables : ils abusent de la
sympathie profonde que le culte de Marie trouve dans tous les
cœurs chrétiens pour accréditer des petitesses puériles, des
inventions anti-théologiques, des exagérations ridicules, des
traditions imaginaires ; si bien, qu'à leur école, ce culte ainsi
surchargé et dénaturé ne ressemble plus à ce culte de la Mère
de Dieu que nous ont transmis les saints Pères ; culte, à la
vérité, naturellement expansif, affectueux et tendre, parce
qu'il procède de la confiance et de l'amour, mais toujours
grave et toujours digne.

Du reste, qu'on le remarque bien, nous ne portons point
une accusation de pharisaïsme contre la dévotion de Notre-

Dame de la Salette. Ce serait nous calomnier que de nous imputer une intention en opposition avec les principes que nous avons posés plus haut. A nos yeux, et par une conséquence rigoureuse de ces principes, cette dévotion se trouve dans des conditions qui imposent l'obligation de la respecter à ceux même qui ne l'adoptent pas; mais nous disons que ceux qui en sont épris au point de nous taxer d'indévotion envers la sainte Vierge, parce que nous pensons autrement qu'eux sur la certitude du miracle, participent plus ou moins, soit comme complices soit comme dupes, à ce pharisaïsme que nous venons de dénoncer aux catholiques, et que nous allons étudier et caractériser brièvement, pour qu'on saisisse mieux notre pensée et qu'on ne nous reproche pas de combattre une chimère.

C'est dans le trésor des Écritures, et surtout dans les évangiles, que les Pères et les Docteurs de l'Église ont trouvé l'inébranlable fondement de la dévotion envers l'auguste et miséricordieuse Marie; c'est là que le concile d'Éphèse a puisé les motifs du célèbre décret par lequel la Mère adoptive des chrétiens a été proclamée véritablement *Mère de Dieu*, titre dont la sublimité est au-dessus de tout langage et de tout génie humain... Jean-Baptiste sanctifié par la grâce de Jésus dès le sein de sa mère par l'intercession de la Vierge, qui portait elle-même le Sauveur du monde dans ses entrailles bénies; — les premiers disciples confirmés dans la foi en Jésus-Christ par un miracle obtenu aux noces de Cana par l'intercession de Marie; — le bien-aimé disciple soutenu dans une fidélité persévérante jusqu'au pied de la croix, pour assister la très sainte Vierge, s'associer à ses douleurs et l'adopter, à titre de mère, pour lui et pour nous, sur la parole du Rédempteur expirant; voilà, certes, des traits admirables et bien propres à nous inspirer une grande confiance dans la médiation de Marie... Cependant qui n'a pas remarqué que le Nouveau-Testament, après nous avoir appris au chapitre 1er des *Actes*, v. 14, en parlant des onze Apôtres, « qu'ils persévéraient tous unanimement dans la prière, *avec les femmes, avec Marie mère de Jésus et avec ses frères*, » ne fait plus aucune mention de la sainte Vierge? Qui ne s'est étonné que pas un des cinq Apôtres dont nous avons vingt-deux lettres, adressées aux premiers chrétiens pour leur enseigner les meilleurs moyens

d'assurer leur salut et de faire fructifier en eux les grâces de
la rédemption : ni saint Paul, qui en a écrit quatorze; ni saint
Jean, qui en a donné trois, lui qui avait des liaisons plus spé-
ciales et plus intimes avec la Mère du Sauveur; que pas un,
disons-nous, n'ait dit dans ses lettres un seul mot de Marie?
Qui n'a pas, au moins une fois dans sa vie, cherché à reconnaître les raisons ou les motifs de ce silence absolu des écrivains inspirés sur une dévotion pour laquelle, ultérieurement,
mais cependant dans ces siècles que les protestants eux-
mêmes appellent *les siècles d'or de l'Eglise*, la tradition s'est
prononcée avec tant d'unanimité, d'éclat et de constance? Or
il faudrait s'aveugler comme a plaisir pour ne pas voir ici une
leçon divine de circonspection et de réserve en ce qui concerne
le culte de Marie, leçon qui a condamné à l'avance tous les
dévots indiscrets.

1° Leçon de circonspection. Il était fort à craindre que la
doctrine et la dévotion dont Marie est l'objet, si elle était
énoncée et recommandée authentiquement et formellement,
dans des écrits émanant des premiers prédicateurs de l'Evangile, et destinés à être publiés dans les assemblées des chrétiens, ne donnât lieu à d'amères dérisions et à des calomnies
de la part des idolâtres. Elle fut donc réservée, comme plusieurs autres points, à cette instruction verbale que les Apôtres confièrent à la fidélité de leurs disciples et de leurs successeurs immédiats, instruction dont le dépôt, soigneusement
conservé et transmis, compose, après l'Ecriture, le second
trésor de la révélation. Plus tard, et à mesure que le danger
et l'inconvénient s'atténuèrent ou cessèrent, par l'extension
de la foi et par suite des victoires de l'Eglise, la saine doctrine se manifesta, se produisit au grand jour, et la dévotion
à Marie cessa d'être mystérieuse. — Maintenant nous affir-
mons, sans craindre qu'on nous contredise, que nous sommes
aujourd'hui entourés d'ennemis, sinon plus acharnés, du moins
plus systématiques et plus minutieusement hostiles, que ne
furent jamais les païens à l'égard de l'Eglise naissante; et
que les impies, les rationalistes, les protestants surtout, ont
une effroyable propension à calomnier et à dérisionner le
culte de Marie. N'est-ce donc pas un devoir pour les catholiques d'imiter, autant que le permet l'enseignement positif et
ostensible de l'Eglise relativement à ce même culte, la cir-

conspection des Apôtres? Vouloir dissimuler ou tronquer en
un seul point cet enseignement, serait une lâcheté et une
sorte d'apostasie. Mais l'amplifier arbitrairement, mais sur-
charger de téméraires superfétations la tradition attestée par
les écrits des Pères, n'est-ce pas une manifeste contradiction
de la conduite tenue par nos premiers et principaux maîtres?
N'est-ce pas une très blâmable imprudence? Nous verrons
tout à l'heure que cette imprudence menace, si l'on n'y prend
garde, de devenir parmi nous une maladie endémique.

2º Leçon d'une sage et indispensable réserve. Ces mots :
circonspection et *réserve*, ne sont pas en faveur, on le sait,
dans un certain parti ; et nous pourrions nommer tels écrivains qui ne sont jamais plus heureux, jamais plus piquants
que lorsqu'ils croient avoir l'occasion de les bafouer. Mais les
souplesses de leur polémique et leur talent pour le persifflage
auront moins d'efficacité, pour décrier ces mots-là, que le
simple bon sens pour les soutenir dans l'esprit de tout homme
sérieux. Vainement, pour faire diversion, ils déclameront
vaguement contre les *concessions* pusillanimes ; aujourd'hui
comme toujours, en religion plus qu'en toute autre chose,
l'imprudence du zèle et l'exagération des doctrines seront
réputées dangereuses et blâmables. Comprenons donc la
leçon de réserve donnée par les Apôtres. Il était à craindre,
avons-nous dit, de susciter des sarcasmes et d'injustes accusations. Mais, évidemment, cette prévision ne suffit pas à elle
seule pour expliquer le silence des Apôtres dans leurs écrits;
il faut qu'ils aient eu quelque autre motif puissant. Et la
preuve, c'est qu'ils ont formulé de concert, de la manière la
plus précise, et que saint Paul, écrivant aux Corinthiens, a
longuement développé le dogme de l'Eucharistie, plus propre
que tout autre à provoquer des dérisions impies et des préventions injustes, et qui, effectivement, l'histoire l'atteste,
occasionna les accusations les plus odieuses et les plus atroces
contre les premiers chrétiens. Voici donc une autre prévision,
voici un second motif, qu'il est nécessaire de ne pas séparer
du premier : il était fort à craindre, si l'on eût promulgué,
dès l'origine, les grandeurs et la gloire de Marie, sa puissance
auprès de Dieu et la part qui lui est dévolue dans l'œuvre de
notre salut, que les païens, les juifs et même les nouveaux
chrétiens, trop peu sevrés de leurs superstitions et des

fictions mythologiques, ne prissent de là occasion de dénaturer la doctrine chrétienne, en mettant sur la même ligne deux cultes dont l'un est essentiellement et fondamentalement très inférieur et très secondaire par rapport à l'autre, et ne s'imaginassent qu'il s'agissait de rendre à la Mère de Jésus les mêmes honneurs qu'à son Fils. On jugea donc prudent de ne parler ostensiblement de la dévotion envers la très sainte Vierge qu'après avoir profondément inculqué et bien consolidé, dans tous les esprits, le grand principe que le Fils de Marie est le *fondement unique* de tout l'édifice chrétien et de toute sanctification, et qu'après le *nom de Jésus* « Il n'y a pas d'autre nom sous le ciel donné aux hommes, en vertu duquel nous devions être sauvés (Act. 4, 12). » Or, le culte de Marie est entouré aujourd'hui encore d'écueils analogues à ceux qui fournirent aux Apôtres un grave motif pour ne point divulguer la doctrine qui sert de base à ce culte. Ne nous accuse-t-on pas tous les jours, dans les sectes dissidentes, de corrompre le christianisme en faisant de la Mère du Christ une sorte de déesse et en l'égalant à son Fils? N'avons-nous pas, au sein même du catholicisme, beaucoup d'âmes simples et ignorantes pour qui les principes essentiels et fondamentaux du christianisme se trouvent obscurcis, enveloppés et comme absorbés par les idées fausses qu'elles se font dans leur dévotion à la sainte Vierge? La sagesse la plus vulgaire exige donc, si nous ne voulons pas abjurer l'esprit qui animait les Apôtres, que nous ayions soin de ne point exagérer une doctrine qu'ils s'abstenaient même de divulguer, nous gardant de rien ajouter à ce que nous en a appris une antique et constante tradition. Voilà cette réserve dont l'exemple des Apôtres nous donne la leçon et nous fait un devoir. Nous allons voir comment certains dévots la pratiquent.

Il serait ridicule de prétendre que, dans les sermons et dans les livres, on ne doit rien mettre en avant sur la sainte Vierge que ce qui a été défini par l'Eglise. A côté des doctrines définies il y a de pieuses croyances généralement admises comme conséquences des premières, et qui sont très propres à édifier solidement; encore doit-on se garder de les qualifier, comme on fait trop souvent, de *doctrine catholique*, et d'en présenter la croyance comme obligatoire. Mais dans des temps comme les nôtres, et à considérer la disposition

générale des esprits, il est souverainement imprudent de dé-
passer les limites que s'étaient tracées les saints Pères, et au
lieu de s'en tenir à leur enseignement commun, d'étaler avec
complaisance toutes les nouveautés que la ferveur un peu fié-
vreuse des cloîtres, guidée par une mauvaise métaphysique,
y a surajoutées, depuis quelques siècles, surtout en Italie et
en Espagne. Quoiqu'on fasse ou qu'on dise, ces inventions
d'un mysticisme mal réglé, que certaines congrégations religieuses ont vantées à l'envi les unes des autres, sont de trop
fraîche date, malgré leurs deux ou trois, leurs trois ou quatre
centaines d'années, pour faire partie de la véritable tradition.
Ceux qui ne veulent pas qu'on se contente des notions et des
croyances qui suffisaient à la piété des Basile et des Grégoire
de Nysse, des Ambroise, des Léon, des Anselme, des Bernard
et de tant d'autres illustres docteurs, manquent de circonspection et de réserve; et, quelle que soit l'illustration des
noms plus modernes sous lesquels ils voudraient abriter leur
prétention, nous n'hésitons pas à les appeler indiscrets, dus-
sent-ils nous appeler indévots.

On n'a pas renoncé de nos jours à citer les saints Pères,
quand on veut écrire ou prêcher sur la dévotion à Marie;
mais on laisse voir à tout œil un peu attentif qu'on les trouve
trop timides, trop mesurés, trop pâles, et qu'on a surtout et
par prédilection médité les ouvrages des docteurs plus récents,
qui ont énormément distancé les premiers. On cite les saints
Pères, mais pour torturer leurs paroles et en faire sortir des
pensées qu'ils n'ont jamais eues. Il y a dans les auteurs les
plus exacts certaines exagérations oratoires qui, loin de blesser la vérité, servent à l'orner et à la mettre dans un plus
grand jour. De là ces remarquables paroles de Benoît XIV :
« Suivant la judicieuse observation de Vincent de Lérins, les
paroles prononcées oratoirement par les Pères et par les Saints
ne doivent pas être entendues à la rigueur; mais on doit les
considérer quelquefois comme exagérées et hyperboliques, par
l'effet d'un certain zèle..... *Cum superlatione et hyperbolicè
dicta* (De Serv. Dei beatifi... l. 2e, c. xxv, no 8). Mais alors,
si l'on s'avise de presser chaque expression et d'interpréter
tous les mots suivant la rigueur grammaticale, on fait injure
à l'orateur et on tombe dans le faux. C'est un tort que nous
pouvons reprocher à beaucoup de prédicateurs et d'écrivains

de nos jours. Ils s'emparent de quelques mots dits oratoirement par un Père, puis ils s'en servent comme on ferait
d'une proposition théologique, ou d'une définition de la Somme
de saint Thomas, et ils en tirent des conséquences à perte de
vue, que l'auteur n'eût point avouées ; si bien qu'ils prêtent
leur prétendue doctrine à ce Père, au lieu de lui imputer la
sienne.

Ils savent bien que leurs lecteurs ne songeront même pas
à vérifier leurs citations, et à les comparer avec le contexte,
pour bien saisir la véritable pensée du saint docteur de l'E-
glise. Comment seraient-ils maintenus dans l'exactitude et la
circonspection par cette appréhension, lorsqu'ils citent des
écrivains grecs ou latins, puisqu'ils ont la hardiesse de dénaturer, par des exagérations manifestes et par des amplifications de fantaisie, de belles pensées de nos moralistes français? Voyons comment ils ont commenté deux passages du
troisième sermon de Bossuet *pour la fête de la conception
de la Sainte Vierge.*

Ce fut un jour à jamais mémorable, ce fut un moment bien
solennel, et les saints Pères l'ont célébré avec enthousiasme,
que celui où Marie, sur l'annonce de l'envoyé céleste, con-
sentit à devenir la Mère du Rédempteur. Notre grand orateur
a su admirablement tirer parti de ce consentement, pour re-
lever la gloire de la sainte Vierge et pour animer notre
confiance envers elle : « Le Père éternel envoie un ange pour
lui *proposer* le mystère, qui ne s'achèvera pas tant que Marie
sera incertaine ; si bien que ce grand ouvrage de l'incarnation
qui tient depuis tant de siècles toute la nature en attente,
demeure encore en suspens, lorsque Dieu est résolu de l'ac-
complir, jusqu'à ce que la divine Vierge y ait consenti : tant
il a été nécessaire aux hommes que Marie ait désiré leur salut! Aussitôt qu'elle a donné ce consentement, les cieux sont
ouverts, le Fils de Dieu est fait homme, et les hommes ont
un Sauveur. La charité de Marie a donc été, *en quelque sorte,*
la source abondante d'où la grâce a pris son cours... » Ce
magnifique langage, ce grand effet oratoire, œuvre d'un génie toujours éclairé par une théologie non moins exacte que
profonde et toujours guidé par un inflexible bon sens, la médiocrité et le faux zèle viennent le gâter tous les jours et le
font dégénérer en puérilité ridicule, à force de remuer et de

délayer cette pensée ambigüe, *que le monde doit sa rédemption au consentement donné par Marie à sa maternité divine.* On se vante de penser et de parler d'après Bossuet lorsque, pour appuyer cette proposition, on ose mettre en avant celle-ci : *Que l'adhésion de Marie au décret divin était une condition indispensable de l'incarnation.* Ceux qui tiennent ce langage devraient du moins faire observer, et bien expliquer, que la condition, même indispensable, d'un résultat, ou d'un événement quelconque, n'a point, par elle-même, d'influence efficace, puisque la condition étant remplie, l'événement ou le résultat ne se produirait pas sans l'action directe d'une cause efficiente; qu'ainsi l'adhésion de Marie n'aurait rien opéré, et que son consentement à la maternité divine eût été d'une complète stérilité, sans le décret divin et sans l'action divine, seule cause efficiente; d'où il suit que, s'il est vrai de dire que l'incarnation du Verbe divin est imputable, et due *en quelque sorte*, comme parle Bossuet, au consentement de Marie, il est à proprement parler et d'une manière incomparablement plus vraie, imputable et due à la puissance et à la miséricorde de l'auguste Trinité. Avec ces explications qu'on croit devoir écarter, on éviterait d'induire des esprits faibles, ou trop peu éclairés, à placer au même niveau, dans leur croyance sur l'incarnation, la participation de Marie et l'action de Dieu lui-même. Mais avec ces explications on se place encore en dehors et bien au-delà des pensées de Bossuet, quand on avance que l'*adhésion de Marie était une condition indispensable.* Bossuet a dit positivement le contraire dans sa cinquième *élévation sur la conception du Verbe :* « Dieu n'avait pas besoin du consentement et de l'obéissance de la sainte Vierge pour faire d'elle ce qu'il voulait, ni pour en faire naître Jésus-Christ et former dans ses entrailles le corps qu'il voulait unir à la personne de son Fils; mais il voulait donner au monde de grands exemples... »

Avec quelle vigueur ce grand homme n'eût-il pas gourmandé ceux qui abusent ainsi de ses paroles et de son nom? Il s'est borné à dire *Marie incertaine;* c'est qu'effectivement elle hésita un instant avant que l'ange lui eût donné des garanties pour sa virginité; mais on ne s'en tient pas là : c'est le mystère lui-même ou son accomplissement, qu'on nous donne pour *incertain,* tant que Marie n'a pas consenti. L'ora-

teur nous présente *le grand ouvrage de l'incarnation comme
encore en suspens,* pensée qui, au fond, n'a pas plus de portée que l'idée d'un léger retard. Mais à juger par le langage
de ses hardis commentateurs, il y avait de l'incertitude et une
sorte d'inquiétude et d'embarras jusque dans le ciel, et c'est
la prévision de Dieu lui-même qui était *encore en suspens.*
Ils se placent dans l'hypothèse très absurde d'un refus de la
part de la sainte Vierge, et ils partent de là pour la proclamer *rédemptrice;* car ils croient l'honorer en se mettant l'esprit à la torture, pour lui inventer des titres équivalents à
ceux de son divin Fils.

Voici un autre passage dont on abuse; il se trouve dans le
même sermon que le précédent dont il est peu séparé : « Dieu
ayant une fois voulu nous donner Jésus-Christ par la sainte
Vierge, cet ordre ne change plus... Il est, il sera toujours véritable, qu'ayant reçu par elle une fois le principe universel de
la grâce, nous en recevions encore par son entremise les diverses applications *dans les états différents qui composent la
vie chrétienne.* Sa charité maternelle ayant tant contribué à
notre salut dans le mystère de l'Incarnation, qui est le principe universel de la grâce, elle y contribuera éternellement
dans toutes les autres opérations, qui n'en sont que des dépendances. » On ne pourrait pas donner une base plus large
ou plus solide à la confiance dans l'intercession de Marie; on
ne pourrait pas recommander plus fortement le recours à cette
auguste patronne ; on ne pourrait pas mieux suggérer et justifier tout ensemble cette belle maxime : *Tout par Marie.* Mais
la médiocrité et le faux zèle en religion savent gâter et dénaturer par l'exagération toutes les pensées dont ils s'emparent.
Par *les différentes applications du principe universel de la
grâce,* Bossuet exprime évidemment une idée qui se généra-
lise par ces mots : *Dans les différents états* dont se compose
la vie chrétienne. De même, quand il parle *des opérations
qui sont des dépendances du principe universel de la grâce,* sa
pensée se porte sur ces influences persévérantes qui produisent dans les âmes des effets durables et des résultats géné-
raux, par l'ensemble et la combinaison d'une foule de grâces
particulières qui tendent à ces grands résultats. La preuve
certaine qu'il n'a point dans sa pensée les grâces de détail,
c'est que, pour établir sa thèse, il s'attache à prouver, par des

faits évangéliques, trois points, qui sont des résultats géné-
raux de beaucoup de grâces combinées, à savoir : que *la charité de Marie est associée aux trois opérations principales de
la grâce de J.-C.*, lorsqu'il nous donne la *vocation, qui est le
premier pas, la justification, qui fait notre progrès, et la
persévérance, qui conclut le voyage*... Bossuet n'a pas dit, n'a
jamais insinué ce que de nos jours de prétendus interprètes
de Bossuet insinuent clairement ou disent formellement, à
savoir : que pour obtenir une grâce quelconque, l'intercession spéciale de Marie n'est pas moins indispensable que ne
l'ont été les mérites de J.-C. pour composer le trésor des
grâces ; — qu'aucun don spirituel ne peut arriver à une âme
que par les mains de Marie ; — que vainement nous préten-
drions obtenir une faveur du ciel, si nous ne la demandions
pas par l'intercession de Marie. Voilà pourtant les idées qu'on
se permet d'attribuer à Bossuet, et avec lesquelles on fausse
et on dénature cette salutaire maxime : *Tout par Marie.*

Si l'on veut mettre cette maxime sous le patronage imposant
du grand évêque de Meaux, on le peut, à coup sûr ; mais à la
condition de rester dans les limites que sa science profonde a
prescrites à son zèle ardent pour la piété envers Marie ; à la
condition de ramener la maxime au sens raisonnable et orthodoxe que voici : *Il est on ne peut plus salutaire pour un chrétien de tout espérer et de tout solliciter, surtout dans l'ordre
de la sanctification, par l'intercession de Marie, et de lui rendre grâces de toutes les faveurs qu'il reçoit du ciel.* Mais voir
dans cette pratique une condition de salut, et dans l'intervention personnelle et directe de la sainte Vierge auprès de Dieu
un moyen indispensable pour obtenir une grâce quelconque ;
s'imaginer, par conséquent, que Notre Seigneur s'est tellement
dessaisi de la dispensation des grâces, qu'il ne veut plus en
accorder une seule sans être sollicité par sa Mère ; supposer,
par la même raison, que le Saint-Esprit ne veut pas donner
à notre âme un seul bon mouvement sans se concerter avec
Marie ; regarder comme inefficace toute autre intercession que
celle de Marie ! Voilà des idées non-seulement chimériques et
dénuées de tout appui dans la tradition et dans la théologie,
mais d'une fausseté manifeste et fort peu orthodoxes. Elles
ébranlent et renversent le fondement sur lequel repose l'invocation des saints. Elles accusent l'Eglise d'ignorance ou de né-

gligence dans la manière dont elle a, de tout temps, dirigé et réglé la prière publique. En effet, si l'Eglise adopte et recommande certaines prières qui s'adressent directement à la sainte Vierge, il est très remarquable que, dans ses offices, et surtout à la messe, qui est la partie principale de sa liturgie, ce qu'elle demande par des *oraisons*, elle le demande, sans autre intermédiaire, à Jésus-Christ lui-même ou au Saint-Esprit, ou bien, ce qui est le plus fréquent, elle le demande *par Notre Seigneur Jésus-Christ*, et jamais par la sainte Vierge. Il y a plus : c'est que dans les *oraisons* des offices en l'honneur de Marie, ce que l'Eglise demande surtout à Dieu, c'est d'exaucer les prières de notre patronne et de rendre efficaces les supplications qu'elle lui adresse en notre faveur. Il est donc nécessaire de restreindre la maxime *tout par Marie* au sens que nous venons d'indiquer. Nos écrivains modernes et nos prédicateurs ont-ils cette sage réserve? Beaucoup, tout au contraire, accréditent les idées fausses que nous signalons ici, et bien d'autres qui sont pires encore.

On souffre quand on entend certains prédicateurs, que la manie de dire du piquant et du nouveau sur la sainte Vierge tourmente visiblement. Ils craindraient de passer pour médiocres s'ils se bornaient aux notions qui ont inspiré des exhortations si vives et si touchantes aux François de Salles, aux Bossuet, aux Bourdaloue, aux Massillon et à tant d'autres moralistes excellents, dont la doctrine n'était en réalité que le développement fidèle des véritables et solides traditions. Ils se font les échos et les garants de tout ce qu'y ont surajouté, depuis quelques siècles, des têtes plus ferventes peut-être que solides et judicieuses. Ils croient instruire utilement quand ils donnent des amplifications plus ou moins ingénieuses, plus ou moins fleuries, sur des propositions dont le moindre défaut est d'être contestables et qui, trop souvent, ne se concilient avec la saine théologie qu'au moyen d'une subtile distinction dont le gros des auditeurs est incapable. Il y a peu de temps encore, en présence d'un nombreux auditoire dont nous faisions partie, un homme fort distingué à plusieurs égards, mais préoccupé des traditions, relativement très récentes, de l'ordre religieux auquel il appartient, et qui propage avec zèle de prétendues révélations données à l'Eglise, après seize siècles, comme un admirable supplément aux écrits tronqués et décolorés des Apôtres, développait, avec un incontestable talent, la pensée que voici : « Le salut de tous les hommes dépend de ces deux grands attributs divins : la justice et la miséricorde. Or, il s'est fait un partage nettement tranché entre le Fils de Dieu et sa très sainte Mère pour l'exercice de ces deux attributs ; Jésus ne s'est réservé que la justice, et la miséricorde reste dévolue à Marie. » Sur quoi s'appuie-t-on, qu'on nous le dise, pour prononcer cette étrange séparation ? Est-ce que la sainte Vierge, toute miséricordieuse qu'elle est, n'est pas unie d'esprit et de cœur à la justice de son Fils ? Est-ce que Jésus, parce qu'il est infiniment juste, ne peut pas être et n'est pas infiniment miséricordieux ? Est-ce que la miséricorde de Marie peut être autre chose qu'une abondante émanation dans son cœur de la miséricorde de Jésus ?

Si les limites que nous imposent la nature même et le plan de ce petit écrit ne s'y opposaient pas, nous pourrions, en parcourant une foule de livres très modernes, et notamment certains *Mois de Marie,* trouver des citations par centaines, comme exemples des étrangetés qu'on publie, sous prétexte d'animer la dévotion envers la sainte Vierge. On verrait que les auteurs mettent en avant, avec un incroyable aplomb, des propositions ambiguës, vraies dans un sens et fausses dans un autre, ou qui n'échappent, comme nous le disions tout à l'heure, au reproche d'hétérodoxie qu'au moyen d'une distinction peu naturelle, que la plupart des lecteurs ne font pas. Nous verrions ces mêmes auteurs, lorsqu'ils prennent pour base une vérité incontestable, la tourmenter, cette pauvre vérité, la pressurer et la tirailler en tout sens pour en faire sortir des conséquences forcées, chimériques et qui côtoient l'hérésie de fort près ; imitation pitoyable de ces tours de force dont la foule s'ébahit, et dont le mérite consiste à prendre les attitudes les plus anormales et à faire d'incroyables contorsions sans se briser les membres. Il en est un qui s'est avisé, assez récemment, de publier, et du reste avec une approbation épiscopale, un livre qui roule tout entier sur cette bizarre idée : *En recevant la sainte Eucharistie, on reçoit véritablement et réellement le corps et le sang de la bienheureuse Vierge Marie !...* Il y a moins de quatre ans, on imprima le sermon que venait de prêcher à Notre-Dame des Victoires un religieux plus disert que véritablement éloquent, dont le langage facile, éloquent, harmonieux et sentimental est très goûté, surtout par les dames. Chacun peut lire, à la page 20ᵉ de la brochure, ces incroyables paroles : « Jésus-Christ et Marie *ne font qu'une seule et même chose;* la vocation de Jésus-Christ, c'est la vocation de Marie ; la bénédiction de J.-C., c'est la bénédiction de Marie; la fécondité de J.-C., c'est la fécondité de Marie. » Combien le vénérable abbé Desgenettes dut souffrir en entendant de pareilles énormités, lui qui a si bien prouvé par l'admirable et salutaire institution de l'Archiconfrérie, que, pour donner une nouvelle et puissante impulsion à la dévotion envers la très sainte Vierge, il n'est nullement besoin d'outrepasser l'enseignement des saints Pères ou les antiques traditions, ni de prôner avec éclat des miracles problématiques! — Sous la date du 14 janvier 1856, un journal religieux, qui a la vogue et dont quelques rédacteurs se piquent d'être théologiens et canonistes, disait bravement à ses confiants lecteurs :. « La sainte Vierge est notre mère, de droit, *au même titre que Dieu est notre père.* Maternité et paternité d'amour et de bienfaits. » C'est ainsi que des téméraires exploitent, de nos jours, la sympathie si naturelle des cœurs chrétiens pour la dévotion envers la Mère du Sauveur. Les efforts qu'ils font à l'envi pour dire des choses nouvelles et piquantes, et leur indiscrète émulation, rappellent, on rougit de cette similitude, la concurrence que se font les marchands, dans certaines branches de commerce, pour attirer la clientèle et obtenir la vogue.

Parce qu'il est plus ardent que judicieux, ce zèle intempérant a trouvé un nouvel aliment dans la proclamation du dogme de l'Immaculée Conception. Pour nous, qui n'avons eu aucun mérite à faire un acte de foi à l'occasion du décret pontifical, par la raison que l'exemption de toute tache originelle accordée à Marie, en l'honneur du Fils de Dieu dont elle est la mère, nous a toujours paru une conséquence naturelle de l'incarnation, nous avons parfaitement compris la joie que ce décret a causée dans toute l'Église. Mais ce que nous ne comprenons pas, ou plutôt ce qui est à nos yeux manifestement puéril, peu digne et plein d'inconvénients, c'est la violence qu'on fait, en chaire et dans les livres, à la théologie et au bon sens, pour prêter à ce point de croyance une importance et une portée qu'il n'a pas. Ne voit-on pas qu'ici l'exagération implique un blâme contre la conduite de l'Église pendant plus de dix-huit siècles? Car il est impossible d'expliquer comment elle s'est abstenue d'une définition pendant si longtemps, si l'on ne convient pas qu'elle n'attachait à l'*Immaculée Conception* qu'une importance très secondaire. Elle a négligé de la définir dans le siècle des Chrysostôme, des Augustin, des Léon, des Grégoire-le-Grand; et lorsque ce point devint l'objet d'une vive discussion entre saint Bernard et l'abbé de Clugny, Pierre-le-Vénérable; et lorsque l'Université de Paris poursuivit Pierre de Monteson pour l'obliger à rétracter ce qu'il avait avancé contre le privilége de Marie; et au concile de Florence, après le décret rendu à Bâle en faveur de ce privilége; et au concile de Trente, où la question fut sérieusement examinée. On contredit donc l'Église et on lui inflige un véritable blâme, quand on a recours à ce que le langage offre de plus hyperbolique pour exalter le décret de Sa Sainteté Pie IX comme un grandissime événement, et le dogme qu'il consacre comme une doctrine incomparable et suréminente. Non-seulement cette croyance est à un rang relativement très inférieur dans l'économie générale de la révélation chrétienne, mais il s'en faut de beaucoup qu'elle occupe le sommet dans le plan particulier des croyances relatives à la très sainte Vierge. Est-ce que le dernier des anges dans la dernière des hiérarchies n'a pas, comme elle, l'avantage de n'avoir point été souillé par un péché originel? n'est-il pas d'une évidence palpable que de tous les titres de Marie le plus glorieux et le plus sublime est celui de *Mère de Dieu?* n'avons-nous pas appris de son Fils lui-même que de tous ses titres celui qui est le plus propre à nous édifier, celui dont elle doit le plus se féliciter, *le plus heureux,* en un mot, est celui qu'elle a proclamé elle-même, celui d'humble et fidèle *Servante du Seigneur?* (Luc, II. 27, 28.)

Si encore on se bornait à exagérer outre mesure la grandeur et la sublimité du titre de *Vierge immaculée* et l'importance du dogme qui le reconnaît en Marie! On peut du moins, au moyen d'une mauvaise métaphysique et de quelques phrases sonores, mais aussi creuses que bien arrondies, donner à tout cela un caractère apparent de gravité et de vérité. On ne s'en tient pas là. On rattache au dogme et au décret qui l'a proclamé mille idées arbitraires, hasardées, étranges ; on veut nous y faire voir le commencement d'une *ère nouvelle*, le présage de bénédictions inouïes de la part du ciel, l'annonce prochaine de la conversion en masse des sociétés dissidentes, etc., etc. *L'Immaculée Conception* est, semble-t-il, pour certains prédicateurs et pour certains auteurs, comme une seconde religion, ou comme un résumé *quintessentiel* de tout le christianisme ; ils la mettent partout, ils en assaisonnent toutes choses. Un homme d'un incontestable talent n'hésitait pas, tout récemment (*Univers* du 23 mai), à nous présenter l'*Immaculée Conception* comme *un flambeau* qui, éclairant le passé, le présent et l'avenir, a préparé les esprits, en France, à goûter enfin *la Cité mystique de Marie d'Agréda!!!* Pour nous, nous concevons de meilleures espérances du décret célèbre de Pie IX... Mais, en vérité, nous aurions une désolante idée de l'avenir de notre clergé, s'il acceptait sans défiance et sans contrôle les leçons de ceux qui, avec de pareilles idées, se posent comme ses maîtres !

Notre censure va leur causer beaucoup d'humeur ; ils vont nous accuser d'être l'ennemi de la dévotion envers la sainte Vierge et de la condamner, lorsque nous n'attaquons que le faux zèle et ne condamnons que des inventions tout humaines et de pure fantaisie, qui ont le double inconvénient de compromettre cette dévotion et de la déshonorer, et de répandre parmi les peuples une multitude d'idées fausses. Ceux qui se respectent trop pour formuler hautement contre nous une accusation qui trouve sa réfutation à toutes les pages de ce livre, ne craindront peut-être pas de nous accuser tout bas, ou par de perfides insinuations ; et, grâces à leurs bons offices, nous passerons pour *indévot* dans la pensée de bien des âmes pieuses. Nous ne sommes ni indifférent ni insensible à cette sorte d'injustice ; la crainte d'en être victime peut seule nous expliquer le silence d'un grand nombre de prêtres, qui pensent comme nous et qui en conviennent dans l'intimité. Mais si nos observations, nos réflexions et la force de nos convictions nous rendent moins timide, nous ne voulons pas laisser aux dévots indiscrets la possibilité de dire que, dans le fait, nous prétendons rabaisser et amoindrir le culte de Marie, le circonscrire dans une mesquine et froide théorie, et le réduire à rien. Nous ne voulons pas leur laisser un prétexte pour soutenir que Bossuet nous condamne dans le discours même dont nous avons déjà cité de beaux fragments. En voici un autre que leurs habiles ne manqueraient pas de nous objecter, si nous ne le citions pas nous-même, pour montrer qu'il ne nous atteint pas :

« Ne soyons pas de ceux qui pensent diminuer la gloire de Dieu et de Jésus-Christ, quand ils prennent de hauts sentiments de la sainte Vierge *et des saints*. Telle est la vaine appréhension des ennemis de l'Eglise. Mais certes c'est attribuer à Dieu une faiblesse déplorable que de le rendre jaloux de ses propres dons et des lumières qu'il répand sur ses créatures; car que sont *les saints et la sainte Vierge*, que l'ouvrage de sa main et de sa grâce? Si le soleil était animé, il n'aurait point de jalousie en voyant *la lune qui préside à la nuit*, comme dit Moïse (Gen... 1, 16), par une lumière claire, parce que toute sa clarté dérive de lui, et que c'est lui-même qui nous luit et qui nous éclaire par la réflexion de ses rayons. Quelque haute perfection que nous reconnaissions en Marie, Jésus-Christ pourrait-il en être jaloux, puisque c'est de lui qu'elle est découlée, et que c'est à sa seule gloire qu'elle se rapporte? C'est une erreur misérable! Mais ils sont beaucoup plus dignes de compassion, lorsqu'ils nous accusent d'idolâtrie dans la pureté de notre culte, et qu'ils en accusent avec nous les Ambroise, les Augustin, les Chrysostôme... »

Il est manifeste que Bossuet n'impute cette *erreur misérable* qu'à ceux qui repoussent comme idolâtrique le culte de la sainte Vierge et des saints, aux protestants Il est manifeste qu'il n'y a pas ici un seul mot d'encouragement pour les excès que nous avons blâmés. Mais voyez comme ce grand évêque a soin, tout en exaltant Marie, de rappeler les vérités fondamentales que de nos jours, on a soin, au contraire, de dissimuler ou de taire, quand on traite le même sujet : il rappelle, implicitement à la vérité, mais bien clairement, que le culte rendu à Marie, quoique supérieur à celui que nous rendons aux saints, n'est pas d'une autre nature; il rappelle expressément que Marie est *créature*, tandis que son Fils est *le Créateur*, et que la perfection de la sainte Vierge n'est qu'*un effet de la grâce et un écoulement* de la perfection de Jésus... Nous ne sommes point de ceux qu'il blâme, parce que *nous ne craignons point de rabaisser Dieu et Jésus-Christ en pre-*

nant de hauts sentiments de la sainte Vierge. Mais nous sommes de ceux qui s'indignent lorsque, sous prétexte que les
grandeurs de Marie sont au-dessus de tout langage humain,
on s'exprime de manière à faire croire aux simples qu'elles
égalent les grandeurs de Jésus. Nous sommes de ceux qui
regardent comme fort imprudent d'étaler à plaisir, en présence des véritables ennemis du culte de Marie, des idées
fantastiques, des notions ambigües, dont le moindre défaut
est d'être suffisamment réfutées par cela seul qu'on les nie,
et dont *les Ambroise, les Augustin, les Chrysostôme* ne se
doutaient pas. Nous sommes de ceux qui s'affligent en voyant
le culte de la Mère de Dieu, si consolant, si noble *dans sa pureté,* comme dit Bossuet, dénaturé par des exagérations in-
soutenables, exploité par un zèle indiscret et souvent avili
par des ridicules et des petitesses. Non, Bossuet n'est point
contre nous. Partisan chaleureux et défenseur éloquent de la
dévotion envers la très sainte Vierge, il poursuivait avec la
même ardeur tout ce qui lui paraissait propre à compromettre
cette dévotion et à la déshonorer. Ainsi le voyons-nous, dans
le temps même où la grande question du quiétisme, celle de
toutes qui lui a causé le plus de soucis, semble devoir concentrer toutes ses pensées, s'occuper avec suite d'une autre
affaire et en presser l'exécution : la condamnation par la
Sorbonne du livre intitulé *la Cité mystique,* par Marie
d'Agréda.

Les efforts que l'on fait en ce moment pour donner du crédit parmi les âmes pieuses à cet étrange livre, fruit d'une
imagination espagnole, ne justifient que trop les reproches
que nous faisons au faux zèle. Dans une longue note par
laquelle l'évêque de Meaux a motivé son jugement sur l'œuvre
de Marie d'Agréda, il donne en peu de mots une idée générale et on ne peut plus exacte et lumineuse de la *Cité mystique.* « Le seul dessein de ce livre porte sa condamnation.
C'est une fille qui entreprend un journal de la vie de la sainte
Vierge, où est celle de notre Seigneur, et où elle ne se propose rien moins que d'*expliquer, jour par jour et moment par
moment, tout ce qu'ont fait et pensé le Fils et la Mère, depuis l'instant de leur conception jusqu'à la fin de leur vie...*
Le titre est ambitieux jusqu'à être insupportable. Cette religieuse appelle elle-même son livre *Histoire divine,* ce qu'elle

répète sans cesse... Le détail est encore plus étrange. Tous les contes qui sont ramassés dans les livres les plus apocryphes sont ici *proposés comme divins*, et on y en ajoute une infinité d'autres, avec une affirmation et une témérité étonnante... Ce qu'il y a d'étonnant, c'est le nombre d'approbations qu'a trouvées cette pernicieuse nouveauté. On voit, entre autres choses, que l'ordre de saint François, par la bouche de son général, semble l'adopter comme *une nouvelle grâce faite au monde par le moyen de cet ordre...* » Bossuet dit que le chapitre dans lequel Marie d'Agréda décrit la conception de la sainte Vierge dans le sein de sa mère *fait horreur, et qu'il suffit seul pour faire interdire à jamais tout le livre aux âmes pudiques*, puis il ajoute : « Après avoir dit combien de temps il faut naturellement pour l'animation d'un corps humain, elle décide que Dieu réduisit ce temps, qui devait être de quatre-vingts jours environ, à sept jours seulement. Le jour de la conception de la sainte Vierge, dit-elle, *fut pour Dieu comme un jour de fête de Pâques, aussi bien que pour toutes les créatures* (pages 237-238). C'est, dit-on, une chose *admirable* que ce petit corps animé, qui n'était *pas plus grand qu'une abeille, et dont à peine on pouvait distinguer les traits*, dès le premier moment *pleurât et versât des larmes pour le péché* (251). » — Là-dessus un docteur en théologie nommé Boullan, qui a traduit récemment un abrégé de la *Cité mystique*, s'en vient nous dire avec un aplomb doctoral : « Que vaut l'autorité de Bossuet? Bossuet était incompétent dans les questions de mysticisme, *n'en déplaise à ceux qui veulent lui faire une réputation*, même sur ce point. » Vouloir faire une réputation à Bossuet! c'est une témérité aux yeux de M. Boullan. A nos yeux ce serait une énorme sottise, attendu que la réputation de Bossuet est faite, il y a longtemps, et si bien faite qu'il ne sera donné ni au docteur Boullan ni à d'autres docteurs de la défaire. Il était incompétent, dites-vous, dans les questions de mysticisme? Vous oubliez donc que son coup d'essai en ce genre fut une victoire, longuement et fortement disputée, mais solide et complète, sur Fénelon, dont vous n'oseriez pas nier la compétence? Pouvez-vous ignorer, vous, *maître en Israël*, que tout mysticisme est chimérique, faux et mauvais, s'il ne se concilie pas avec la théologie positive, et que celle-ci est le flambeau nécessaire sans

lequel le mystique ne peut que marcher au hasard et en danger de s'égarer dans la région des impressions sentimentales,
des imaginations et des fantaisies? L'évêque de Meaux possé-
dait dans un degré éminent la science et le *sens* théologique,
et c'est par là précisément, qu'il découvrit, à première vue,
les erreurs de Mme Guyon et de l'archevêque de Cambrai.

Si l'on veut avoir de longs détails sur les récits de Marie
d'Agréda, on en trouve une analyse présentée avec beaucoup d'art, dans une série d'articles publiés par l'*Univers* et
dont le premier est sous la date du 23 mai 1858. L'auteur ne
peut pas résister au besoin d'épancher la jubilation qui abonde
dans son âme, lorsqu'il contemple la *Cité mystique* triom-
phante, *sur les ruines de la Sorbonne qui la censura*, et il s'y
laisse aller jusqu'à deux fois dans son premier article. S'il a
lu, dans le *Journal des Débats* du 19 août dernier, le feuille-
ton de M. H. Rigault, il a dû comprendre, qu'après avoir
achevé sa longue et très habile analyse, il aurait encore un
énorme travail à faire pour assurer dans l'esprit des hommes
judicieux le triomphe des *mémoires de la sainte Vierge dictés
par elle-même* après dix-sept siècles. Il ne suffit pas d'avoir
une grande souplesse de talent et beaucoup d'érudition, pour
mettre à néant des objections de la force de celle-ci : « ... On
regrette que la Vierge n'ait pas levé une autre difficulté que
l'esprit malin suscite encore : comment se peut-il faire que
les révélations interdites par la Vierge aux quatre Évangé-
listes (d'après la Cité mystique), et transmises par elle, dans
des visions miraculeuses, à Marie d'Agréda, se trouvent en
grande partie, dans les évangiles déclarés apocryphes par le
décret du pape Gélase? Comment concevra-t-on que les auteurs, si notoirement suspects de ces récits jugés fabuleux
par l'Église, aient deviné, tant de siècles à l'avance, les confi-
dences futures de la Vierge; ou que la Vierge, racontant par
la bouche inspirée d'une religieuse moderne, les plus intimes
secrets de sa vie, semble si souvent traduire, imiter, embel-
lir les légendes des premiers temps du christianisme? Gar-
dons-nous d'approfondir ce mystère, pour ne pas entrer dans
les vues de Satan. Les personnes qui n'auraient pas la crainte
de paraître ses complices pourront ouvrir Fabricius (*codex
apocryphus novi Testamenti*, 1719), et reconnaîtront, dans
l'*Évangile de la naissance du Sauveur et de sainte Marie*,

dans l'*Evangile du trépas de Marie*, dans le *protévangile* attribué à Jacques, etc... tous ouvrages déclarés apocryphes par décret pontifical, les sources visibles où la Vierge a puisé pour écrire ses mémoires... » Tout l'article est remarquable, et marqué au coin de l'esprit et du bon sens. On souffre, en voyant qu'un journal dont les libres penseurs s'accommodent, a si manifestement et si péremptoirement raison, contre un journal qui s'est donné la mission de soutenir et de défendre l'Eglise contre toute sorte d'attaque !

Cette écrasante objection avait été indiquée par Bossuet avec plusieurs autres qui ne le sont pas moins, et qui sont intrinsèques et inhérentes comme elle à la cause même de la *Cité mystique*. Tant que le docte correspondant de l'*Univers* ne les aura pas victorieusement réfutées, les raisons extrinsèques qu'il pourra étaler en faveur de ce livre n'aboutiront à aucune conclusion solide. Les approbations nombreuses, les fastueux éloges, la vogue même obtenue dans certains temps, dans certains pays, n'y feront rien. Pour neutraliser de pareilles objections, il ne faudrait rien moins qu'une décision formelle de l'Église prononçant que les récits dont il s'agit ont été divinement révélés à la religieuse Cordelière. Or c'est assez pour l'Église de conserver intact et d'interpréter infailliblement le dépôt de la révélation, qui fut close à la mort du dernier apôtre, et dont elle trouve l'expression dans les saintes Écritures d'une part, et d'une autre part dans les traditions apostoliques, transmises de siècle en siècle. On ne la verra point proclamer une révélation nouvelle opérée dix-sept cents ans après Jésus-Christ, un Évangile supplémentaire, dont le *Nouveau Testament* ne serait qu'un abrégé incomplet et mesquin. Nous n'entendons pas nier que l'inspiration surnaturelle se soit, jusqu'à un certain point, conservée dans l'Église, à peu près comme le don des miracles; mais il importe de signaler ici une énorme différence : le miracle est un fait dont l'entière certitude peut être garantie par des témoignages irrécusables, tandis que l'inspiration est un fait tout personnel et qui n'offre d'autre garant contre la fourberie ou l'illusion que la personne même qui se dit inspirée. Si donc, et c'est ce que nous avons démontré plus haut, on peut encore licitement douter d'un miracle après qu'il a été examiné, discuté et proclamé par le Saint-Siége, quand et à quelles conditions trouvera-t-

on la certitude sur des révélations particulières? Il en est,
nous le savons, qui ont acquis une sérieuse estime et pour lesquelles l'Église témoigne assez hautement de son respect,
celles, par exemple, de sainte Thérèse. Celles-là nous devons
les respecter, mais encore est-il que nous ne sommes nullement obligés en conscience à croire qu'elles sont réellement
surnaturelles et divines.

On nous dit que Marie d'Agréda ne tardera pas à être ca-
nonisée. Si les enfants de saint François d'Assise obtiennent
cette nouvelle gloire pour leur ordre, tout catholique sera tenu
de croire que leur sœur est, dans l'autre monde, au nombre
des bienheureux ; mais tout catholique n'en pourra pas moins
penser, en sûreté de conscience, qu'elle fut ici-bas au nombre
des visionnaires. L'éminente sainteté de Catherine de Sienne,
les communications extraordinaires dont elle fut douée, paraît-il, et sa canonisation par Pie II, ne nous obligent en aucune façon à prendre au sérieux toutes les visions qu'elle a
cru avoir, ni encore moins à regarder comme solidement fondées les violentes déclamations auxquelles elle s'est livrée,
dans le temps du grand schisme, contre l'obédience d'Avignon,
à laquelle saint Vincent Ferrier adhérait et qu'il défendait. Il
peut y avoir dans la vie des saints des erreurs et des excès que
la bonne foi et la bonté des motifs purifient, aux yeux de Dieu,
de toute culpabilité, et qui ne s'opposent point à ce que ces
mêmes saints acquièrent, par ailleurs, de très grands mérites. Une imagination féconde et très ardente, exaltée par les
veilles et les jeûnes joints à une vie de contemplation, et sti-
mulée encore par la lecture des livres apocryphes, a pu être
pour la Franciscaine espagnole la cause d'une illusion persévérante, mais d'autant plus innocente que, par l'ascendant de
son esprit supérieur et d'une vertu éminente, elle la faisait
partager à ses directeurs. On ne voit rien là qui s'oppose à la
pratique de la sainteté, même à un degré héroïque, ce qui est
le principal fondement d'une canonisation.

Le premier article de l'*Univers* sur Marie d'Agréda était un
véritable programme, et il était visible que l'auteur était heureux d'avoir l'occasion de mal mener la Sorbonne, qui a cen-
suré la *Cité mystique*, et le XVIIe siècle qui, l'ayant dédaignée
tout d'abord, a été cause que depuis elle n'a trouvé en France
qu'oubli et dédain. Aussi s'en est-il donné, comme on dit, à

cœur joie; les articles se sont multipliés sous sa féconde plume au-delà de toute prévision, et après avoir lu le *dix-huitième*, nous avons renoncé à lire ses puînés. Il faudrait un gros volume pour signaler et faire bien apprécier les lacunes historiques habilement ménagées, les appréciations passionnées et injustes, les principes contestables, les propositions vagues et ambiguës et les inductions illogiques qu'un œil attentif observe dans ces interminables élucubrations. Bornons-nous à dire qu'un religieux à l'âme ardente pouvait difficilement n'avoir contre l'Université de Paris qu'une haine médiocre et tiède : elle fut de toutes nos anciennes Universités celle qui s'opposa le plus constamment et le plus efficacement à cette prédominance des ordres religieux qui a, depuis longtemps, annulé le clergé séculier en Italie et en Espagne. D'ailleurs elle était *gallicane!* Quant au clergé *de la seconde moitié* du XVIIᵉ siècle, pourrait-il en parler froidement? D'abord ce clergé était *gallican*, et il s'était si bien pénétré des maximes de l'assemblée de 1682, que Fénelon constate, par une lettre de 1704 au cardinal Gabrielli, qu'elles avaient pour adhérents très prononcés *les évêques du royaume, à très peu d'exceptions près, tous les docteurs et tous les hommes doctes;* ensuite, quoiqu'il soit facile de démontrer, l'histoire à la main, que l'épiscopat français de cette époque fit tout ce qu'il devait faire contre la secte des jansénistes, et qu'il n'omit que ce qui a été itérativement jugé excessif et inopportun par le pape Innocent XII, de la part des évêques de Belgique, l'auteur en juge tout autrement, et il a publiquement accusé cet épiscopat d'être resté au-dessous de ses devoirs par rapport à l'hérésie. Nous devions donc nous attendre à de chaleureuses philippiques contre la Sorbonne et contre le clergé du XVIIᵉ siècle. Dénigrer un passé dont la gloire les offusque et dont le mérite les écrase; propager un mépris inintelligent dans des esprits superficiels ou paresseux, qui trouvent très commode d'accepter sans études des assertions tranchantes, c'est une des jouissances que se procurent tous les jours les écrivains d'une certaine école dont les maîtres furent, jusqu'en 1832, les fervents disciples de Lamennais; sur ce point, ils sont restés ses fidèles imitateurs.

En France, beaucoup mieux qu'en Italie et en Espagne, le clergé savait, par expérience, à quelles conditions on pouvait espérer ramener les protestants dans le giron de l'Église, et de quelles armes les ministres se servaient, de quels prétextes plus ou moins spécieux ils se prévalaient, pour retenir leurs partisans en dehors de l'unité; car au xviie siècle le protestantisme était, pour les évêques et pour les docteurs français, un ennemi domestique et toujours présent, même après la révocation de l'édit de Nantes. On s'était donc naturellement pénétré de l'esprit de mesure, de circonspection et d'exactitude dogmatique dans lequel Bossuet a composé le célèbre petit livre de l'*Exposition de la Foi*, qui opéra tant de conversions. Non-seulement on s'abstint avec grand soin de donner comme *doctrine catholique* ce que l'Église s'est abstenue de décider, mais on eut à cœur d'écarter, tant de l'enseignement public et privé que des cérémonies du culte, tout ce qui ne paraissait pas fondé sur des traditions antiques et véritablement respectables, tout ce qui ne soutenait pas l'examen d'une critique judicieuse. Que Launoy et Baillet aient trop peu respecté certaines traditions, qu'ils aient trop méprisé quelques légendes, en un mot, que certains auteurs du xviie siècle aient abusé de la critique, cela ne donne point au correspondant de l'*Univers* le droit d'incriminer en masse tout le clergé savant d'une illustre époque; encore moins devait-il en prendre occasion d'accuser calomnieusement l'Église de France d'avoir, pendant près de deux siècles, mal compris, négligé et presque délaissé le culte de Marie. Et pourquoi cette complaisance dans le dénigrement? Pour exalter Marie d'Agréda et pour la venger d'une censure de la Sorbonne! Pour être conséquent, il devrait également dénigrer la commission romaine du *Saint-Office*.

En censurant la *Cité mystique*, la Faculté de théologie de Paris ne fit que marcher sur les traces de l'Inquisition romaine, dont le jugement avait servi de base à un bref du 26 juin 1681, par lequel Innocent XI défendait, *sous les peines énoncées par le concile de Trente et par l'Index des livres prohibés, de lire ou retenir une partie quelconque* dudit ouvrage. Il est vrai que les Cordeliers ayant rempli le monde de leurs plaintes et ayant fait appuyer leurs vives réclamations par la cour de Madrid, le Pape voulut bien suspendre l'exécution de son rigoureux décret. Il est vrai encore que le Saint-Office d'Espagne rendit un jugement tout opposé à celui du

Saint-Office de Rome. Mais on ne fera entendre à personne que la suspension du décret pontifical porte sur autre chose que sur la prohibition et sur la pénalité, et qu'il ôte tout poids et toute autorité au jugement prononcé par les inquisiteurs de Rome, sur la valeur du livre. Le Pape voulut bien faire remettre à sa congrégation du Saint-Office tous les écrits de part et d'autre, avec ordre d'examiner l'affaire à fond. Mais des affaires plus graves, notamment celle de Molinos, et, sans doute, un peu d'habileté de la part des Franciscains, firent oublier à Rome Marie d'Agréda et son livre. De tout cela, on ne fera jamais ressortir logiquement d'autre avantage pour la cause de la *Cité mystique* que cette mesquine et très pauvre conclusion : On peut, sans violer la soumission due au Saint-Siége, lire les merveilleux récits de Marie d'Agréda. Il reste toujours que ces mêmes récits sont chargés de détails d'une étrangeté choquante et auxquels il répugne à un grand nombre d'hommes graves et catholiques, non moins que judicieux, de donner créance.

Comment un écrivain aussi spirituel que le correspondant de l'*Univers* peut-il se faire illusion, au point de prétendre que le décret sur l'*Immaculée Conception* doit disposer tous les catholiques à regarder les narrés de Marie d'Agréda comme dictés par la sainte Vierge elle-même? Quelle liaison peut-il donc voir entre ces choses-là? Ni Bossuet, qui était si prononcé en faveur du glorieux privilége de Marie, ni la Sorbonne, qui exigeait de ses docteurs l'engagement de le soutenir, ne l'avaient soupçonnée cette liaison, puisque la *Cité mystique* leur parut mériter une sévère censure. Nous avouerons sans peine que nous ne sommes pas plus clairvoyants que l'*aigle de Meaux* et les docteurs de Paris. On nous dit (*Univers* du 16 janvier 1859) que le décret relatif à la Conception immaculée *a étendu largement les horizons de la foi.* Ce beau langage pourrait bien n'être, au demeurant, qu'une phrase creuse et vide de toute idée solide. En tout cas, l'œuvre de Marie d'Agréda ne gagnera rien à ce que *les horizons de la foi s'étendent,* tant que certaines antipathies du sens commun ne seront pas détruites. Or, après comme avant le décret de Pie IX, le sens commun est antipathique à une foule de traits de la *Cité mystique*, par exemple : à ces *larmes répandues,* à cause du péché, dans le sein de la bienheureuse Anne, par *un fœtus de sept jours, gros tout au plus comme une abeille;* — à cette garde d'honneur et de sûreté donnée à la sainte Famille, formant une armée de *neuf mille anges,* et dont, à l'occasion de la fuite en Egypte, l'effectif fut porté à *dix mille* combattants ; — à ce puéril escamotage opéré par un ange, qui substitue, dans la main de Judas, un morceau de pain ordinaire au pain eucharistique donné par notre Seigneur. Nous avons beau multiplier nos actes de foi sur l'*Immaculée Conception,* ces récits, et cent autres de cette force ou encore plus étranges, nous semblent toujours et malgré nous le produit d'une imagination rêveuse et d'un esprit exalté. — L'éminent écrivain dont nous osons faire ici la critique ne pouvait pas ignorer que, depuis longtemps déjà, les *révélations* de la sœur Emmerych jouissent d'un assez grand crédit, et qu'ayant traité les mêmes sujets que Marie d'Agréda, ladite sœur contredit formellement et sur bien des points la *Cité mystique.* De là une objection qu'il ne pouvait pas s'empêcher d'aborder. On voit qu'il est mal à l'aise sur ce terrain; il y passe rapidement, mais non sans avoir prononcé que l'autorité de Marie d'Agréda l'emporte sur celle de la sœur Emmerych. Quoi qu'il en soit de ce jugement, nous reconnaissons, qu'en joignant aux écrits de ces deux religieuses les légendes les plus piquantes du moyen âge et quelques livres apocryphes des premiers siècles, on aurait un très curieux recueil. Ce ne serait, en réalité, qu'un cours complet de *mythologie chrétienne;* mais nous rougissons de dire que beaucoup y verraient un recueil plus intéressant que la Bible et plus instructif; un moyen de dégoûter de plus en plus les âmes dévotes de la lecture du *Nouveau Testament,* si imprudemment recommandée par les S. S. Pères; un moyen de « réagir puissamment contre les tendances que la seconde moitié du xviie siècle avait imprimées à la société française » (art. du 23 mai); un moyen d'achever « une révolution aussi pacifique que sérieuse dans les âmes chrétiennes, dont elle vient modifier heureusement les habitudes » (ibidem). Ce qui veut dire : un moyen de donner en France à la piété chrétienne les caractères de la dévotion populaire en Italie et en Espagne. Magnifique résultat, qui fait d'avance battre des mains à plus d'un lecteur de l'*Univers! ! !*

Voici l'observation que nous venons faire, la question que

nous venons adresser aux prôneurs de ces prétendues merveilles : Quand les Apôtres, qui racontaient *ce qu'ils avaient vu, entendu et touché de leurs mains,* et qui opéraient eux-mêmes des miracles frappants, rencontraient des populations obstinées à rejeter l'Evangile, ils avaient le droit de *secouer,* en se retirant, *la poussière de leurs pieds,* et de compter sur la vertu divine pour féconder ultérieurement la sainte semence qu'ils avaient jetée. Après eux, et de nos jours encore, l'apologiste qui, en invoquant et coordonnant les notions du sens commun, arrive, par une déduction sévèrement logique, à cette grande conclusion : *Le doigt de Dieu est là, Dieu lui-même a parlé,* peut exiger que la raison d'un homme s'humilie et se soumette devant cette intelligence infinie dont elle n'est qu'une émanation et une faible lueur; et s'il trouve une résistance opiniâtre, il prie avec confiance pour que la grâce éclaire et touche une âme aveuglée et endurcie par l'orgueil. Mais vous, lorsque vous osez, au profit d'une révélation dont vous êtes engoués, mais qu'il est très permis à un véritable enfant de l'Eglise de regarder comme une vaine rêverie, porter au bon sens lui-même un téméraire défi, êtes-vous bien sûrs que le ciel sourit à vos efforts? Et ne voyez-vous pas que vous provoquez le sarcasme et la dérision, que vous compromettez, pour le triomphe de vos idées, la plus sainte des causes, et que vous fournissez des prétextes et des armes à l'incrédulité?

Ils vont nous dire, sur un ton magistral, que nous nous préoccupons beaucoup trop des incrédules et trop peu des chrétiens fidèles et pieux; qu'aucune pratique, aucune croyance ne resterait debout, s'il fallait supprimer tout ce qui choque les prétendus philosophes et provoque leurs railleries; et qu'au lieu de rougir ainsi de la *folie de la croix,* le vrai chrétien adopte et encourage tout ce qui édifie les âmes et anime leur piété, sans se mettre en peine de ce qu'en pensent ou disent les impies... Voici notre réponse : Oui, nous nous préoccupons de ce que les incrédules pourront penser ou dire, et c'est ce dont le zèle doit se préoccuper toujours et beaucoup, sous peine de n'être ni *selon la science* et la prudence, ni selon la charité. Il n'est pas chrétien et il méconnaît tout ensemble le prix de la foi et la valeur des âmes, s'il n'est pas attentif à écarter, autant qu'il est en lui, tout ce qui suscite

7

des préventions contre la saiute loi de J.-C. et contre son Eglise. Pourquoi l'Ecriture et la tradition ne vous suffisent-elles pas pour édifier et encourager les âmes pieuses? Pourquoi abandonnez-vous ces sources si pures, si abondantes, pour recourir à des moyens et à des notions parfaitement inconnus aux saints Pères, et que nos plus excellents moralistes ont dédaignés. Avez-vous pour vous l'Ecriture, la tradition, une décision de l'Eglise? Alors ne craignez rien, et mettez-vous peu en peine des vains jugements du monde. Mais lorsque vous ne vous appuyez que sur des opinions, sur des autorités incertaines, craignez de mettre en avant des nouveautés contestables, et ne soyez pas si fiers en présence du rationalisme railleur. Si vous avez la témérité de mettre en principe qu'*il faut approuver et propager tout ce qui peut soutenir et animer la ferveur des bons chrétiens*, entendez donc vos détracteurs, qui de là prennent texte pour vous reprocher d'exploiter la simplicité et la crédulité des peuples. Et, après tout, si vous n'êtes pas dans la vérité, ils ont le droit de vous railler et de médire de vous, plus que vous n'avez celui de braver leurs sarcasmes et leur détraction. Souvenez-vous donc que hors de la vérité il n'y a point d'édification solide, et que toute dévotion qui n'aurait pas la vérité pour base, serait une dévotion fausse et peu digne d'un chrétien; car Jésus-Christ lui-même ne serait ni *la voie* ni *la vie*, s'il n'était pas *la vérité* (J., 14, 6).

La tâche que nous nous étions imposée est finie. Si la circonspection et la mesure dont nous avons usé pour la publication de notre travail, ne nous mettaient pas à l'abri du persiflage, de la déclamation et de la calomnie, nous aurions pour nous affermir et nous consoler, la pureté de nos intentions et la sincérité de notre langage. Si quelque proposition censurable, échappée à notre ignorance, provoquait un jugement doctrinal du Saint-Siége, une soumission entière nous coûterait beaucoup moins qu'on ne pense. Du reste, quel que doive être le sort de ce petit écrit, jamais nous ne pourrions nous repentir d'avoir voulu, dans la mesure de nos forces, dégager l'Eglise de toute solidarité, par rapport à des exagérations de doctrine qui peuvent faire considérer la foi comme un joug intolérable, et la fidélité catholique comme une abdication absolue de la raison. Nous déclarons en même temps, qu'après avoir franchement combattu tout ce qui est à nos yeux propre à dénaturer, à rapetisser et à avilir le culte de l'auguste Vierge qui enfanta le Sauveur du monde, nous nous trouvons un peu moins indigne de l'appeler notre mère et notre douce espérance, et que nous nous sentons plus confiant dans notre recours à sa miséricordieuse et puissante intercession.

Deux mots encore, pour résumer les pensées qui nous préoccupent et qui nous ont mis la plume à la main : Une des calamités de l'Eglise de France au XIXᵉ siècle, une des causes qui ont amorti et paralysé le mouvement de retour au catholicisme théorique et pratique, qu'on a vu se manifester à plusieurs époques, est, très certainement, le zèle sans mesure et sans discernement, moins savant que dogmatique, et plus tranchant que judicieux, d'un grand nombre d'apologistes modernes. On démêle aisément dans leurs écrits plus de passion pour des opinions que d'amour pur et désintéressé de la véritable doctrine catholique ; ils parlent toujours au nom de l'Eglise, alors même qu'ils ne sont, bien souvent, que des écrivains de coterie ; vrais brouillons dans le domaine de l'enseignement public, qui se complaisent dans la confusion, surtout dans l'exagération, et qui croient avoir bien mérité de la religion, quand ils ont opposé au scepticisme indifférent ou raisonneur de notre époque une révélation bien surchargée de notions tout humaines et même de superfétations ridicules. Ils ont pu échauffer les têtes et les cœurs, dans un petit noyau de croyants : voilà tout leur succès. Mais ils ont épaissi les nuages qui font obstacle à la foi dans un grand nombre d'esprits incertains et flottants ; ils ont multiplié les répugnances, pour beaucoup de volontés hésitantes ; ils ont donné des armes à l'incrédulité systématique, et de spécieux prétextes aux calomnies du protestantisme. Nous adjurons, en terminant, tous ceux qui sont constitués en autorité, tous ceux qui sont, à différents titres, en position d'exercer de l'influence dans l'Eglise, d'examiner devant Dieu s'il ne serait pas temps enfin de combattre énergiquement ce zèle déréglé, et s'il suffit, pour l'acquit de leurs obligations, de reconnaître ces témérités et d'en convenir dans l'intimité, tout en laissant la carrière ouverte et parfaitement libre aux téméraires. On pardonnera cet épanchement échappé douloureusement du cœur d'un prêtre catholique, inspiré par de profondes convictions. Pour nous, après avoir osé écrire ces dernières lignes, nous sentons le besoin de nous incliner respectueusement devant nos juges et nos maîtres.

FIN.

PIÈCES JUSTIFICATIVES.

No I.

Récit de Mélanie.

Mélanie dit : « Nous étions endormis... puis je me suis réveillée la première et je n'ai pas vu mes vaches. « Maximin, *j'ai dit*, viens vite que nous allions voir nos vaches. » Nous avons passé le ruisseau ; nous avons monté vis-à-vis nous, et nous avons vu de l'autre côté nos vaches couchées ; elles n'étaient pas loin. Je suis redescendue la première, et lorsque j'étais à cinq ou six pas avant d'arriver au ruisseau, j'ai vu une clarté comme le soleil, encore plus brillante, mais pas de la même couleur, et j'ai dit à Maximin : « Viens vite voir une clarté là-bas. » Et Maximin est descendu en me disant : « Où elle est? » Je lui ai montré avec le doigt vers la petite fontaine, et il s'est arrêté quand il l'a vue ; alors nous avons vu une Dame dans la clarté ; elle était assise, la tête dans ses mains. Nous avons eu peur ; j'ai laissé tombé mon bâton. Alors Maximin m'a dit : « Garde ton bâton, s'il nous fait quelque chose, je lui donnerai un bon coup. »

» Puis cette Dame s'est levée droite, elle a croisé les bras, et nous a dit : « Avancez, mes enfants, n'ayez pas peur, je suis ici pour vous conter une grande nouvelle. »

» Puis nous avons passé le ruisseau, et elle s'est avancée jusqu'à l'endroit où nous nous étions endormis. Elle était entre nous deux ; elle nous a dit, en pleurant tout le temps qu'elle a parlé, j'ai bien vu couler ses larmes :

« Si mon peuple ne veut pas se soumettre, je suis forcée de laisser aller la main de mon Fils.

» Elle est si forte, si pesante, que je ne puis plus la *maintenir*.

» Depuis le temps que je souffre pour vous autres ! Si je veux que mon Fils ne vous abandonne pas, je suis chargée de le prier sans cesse.

» Et, pour vous autres, vous n'en faites pas cas.

» Vous aurez beau prier, beau faire, jamais vous ne pourrez ré-compenser la peine que j'ai prise pour vous autres.

» *Je vous ai donné six jours pour travailler, et je me suis réservé le septième, et on ne veut pas me l'accorder.* C'est çà qui appesantit tant la main de mon Fils.

» Ceux qui conduisent les charrettes ne savent pas jurer sans y mettre le nom de mon Fils au milieu.

» Ce sont les deux choses qui appesantissent tant la main de mon Fils.

» Si la récolte se gâte, ce n'est rien qu'à cause de vous autres. Je vous l'ai fait voir l'année passée, par les pommes de terre; vous n'en avez pas fait cas. C'est, au contraire, quand vous trouviez des pommes de terre gâtées, vous juriez, vous mettiez le nom de mon Fils. Elles vont continuer; *que,* cette année, pour Noël, il n'y en aura plus. »

» Et puis je ne comprenais pas bien ce que cela voulait dire, des pommes de terre.

» J'allais dire à Maximin ce que cela voulait dire, des pommes de terre, et la Dame nous a dit :

« Ah! mes enfants, vous ne me comprenez pas, je m'en vais le dire autrement. » Puis elle a continué :

« Si les pommes de terre se gâtent, ce n'est rien que pour vous autres. Je vous l'ai fait voir l'an passé, vous n'en avez pas voulu faire cas, que c'était au contraire; quand vous trouviez des pommes de terre gâtées, vous juriez en y mettant le nom de mon Fils au milieu.

» Elles vont continuer, que cette année, pour la Noël il n'y en aura plus.

» Si vous avez du blé, il ne faut pas le semer; tout ce que vous sèmerez, les bêtes le mangeront; ce qui viendra tombera tout en poussière, quand vous le battrez.

» Il viendra une grande famine.

» Avant que la famine vienne, les enfants au-dessous de sept ans prendront un tremblement, et mourront entre les mains des per-sonnes qui les tiendront; les autres feront pénitence par la famine.

» Les noix deviendront mauvaises, les raisins pourriront.

» S'ils se convertissent, les pierres et les rochers se changeront en monceaux de blé; et les pommes de terre seront ensemencées par les terres. Faites-vous bien votre prière, mes enfants? (Tous deux nous avons répondu : Pas guère, Madame.)

» Il faut bien la faire, mes enfants, soir et matin; quand vous ne pourrez pas mieux faire, dire seulement un *Pater* et un *Ave Maria*, et quand vous aurez le temps, en dire davantage.

» Il ne va que quelques femmes âgées à la messe; les autres tra-

vaillent le dimanche tout l'été ; et l'hiver, quand ils ne savent que
faire, les garçons ne vont à la messe que pour se moquer de la religion ; le carême on va à la boucherie comme des chiens.

» N'avez-vous pas vu du blé gâté, mes enfants?

(Maximin répondit : Oh! non, Madame. Moi, je ne savais pas à
qui elle demandait cela, et je répondis bien doucement : Non, Madame, je n'en ai point vu.)

» Vous devez bien en avoir vu, vous, mon enfant (en s'adressant
à Maximin), une fois, vers la terre du coin, avec votre père.

» Le maître de la pièce dit à votre père d'aller voir son blé gâté.
Vous y êtes allés tous les deux, vous prîtes deux ou trois épis dans
vos mains, les froissâtes, et tout tomba en poussière ; puis vous vous
en retournâtes ; quand vous étiez encore à demi-heure de Corps,
votre père vous a donné un morceau de pain, et vous a dit : Tiens,
mon enfant, mange encore du pain cette année ; je ne sais pas qui
en mangera l'année prochaine, si le blé continue encore comme ça? »

(Maximin a répondu : Oh! oui, Madame, je m'en souviens à présent, tout à l'heure je ne m'en souvenais pas.)

» Après cela la Dame nous a dit en français :

» Eh bien! mes enfants, vous le ferez passer à tout mon peuple. »

» Elle a passé le ruisseau et nous a retourné dire : « Eh bien!
mes enfants, vous le ferez passer à tout mon peuple. »

» Puis elle est montée jusqu'à l'endroit où nous étions allés pour
regarder nos vaches.

» Elle ne touchait pas l'herbe ; elle marchait à la cîme de l'herbe ;
nous la suivions avec Maximin ; je passai devant la Dame et Maximin,
un peu à côté, à deux ou trois pas, et puis cette belle Dame s'est
élevée un peu en haut. (Mélanie fait un geste en élevant la main
d'un mètre, ou un peu plus, au-dessus de la terre.) Puis elle a re-
gardé le ciel ; puis nous n'avons plus vu la tête, plus vu les bras,
plus vu les pieds ; on n'a plus vu qu'une clarté en l'air ; après, la clarté
a disparu, et j'ai dit à Maximin : C'est peut-être une grande sainte.
Et Maximin m'a dit : « Si nous avions su que c'était une grande
sainte, nous lui aurions dit de nous mener avec elle. » Et je lui ai
dit : « Oh! si elle y était encore! » Alors Maximin lança la main pour
attraper un peu de la clarté, mais il n'y eut plus rien, et nous re-
gardâmes bien pour voir si nous ne la voyions plus, et je dis : « Elle
ne veut pas se faire voir, pour que nous ne voyions pas où elle va. »
Ensuite nous fûmes garder nos vaches, etc., etc. Elle avait des souliers blancs, avec des roses autour de ses souliers, il y en avait de
toutes les couleurs ; des bas jaunes, un tablier jaune, une robe
blanche avec des perles partout ; un fichu blanc, des roses autour,
un bonnet blanc un peu courbé en avant ; une couronne autour de
son bonnet avec des roses ; elle avait une chaîne très petite qui tenait

une croix avec son Christ ; à droite étaient des tenailles, à gauche un marteau ; aux extrémités de la croix, une autre grande chaîne tombait, comme les roses, autour de son fichu. Elle avait la figure blanche, allongée ; je ne pouvais pas la voir longtemps, *pourquoi* qu'elle nous éblouissait. »

No II.

Récit de Maximin.

« Après avoir fait boire nos vaches et avoir goûté, nous nous sommes endormis à côté du ruisseau, tout près d'une petite fontaine tarie, puis Mélanie s'est réveillée la première et m'a éveillé pour aller chercher nos vaches ; nous sommes allés voir nos vaches, et en nous retournant nous les avons vues couchées de l'autre côté, puis en descendant, Mélanie a vu une grande clarté vers la fontaine, elle m'a dit : « Maximin, viens voir cette clarté! » Je suis allé vers Mélanie, puis nous avons vu la clarté s'ouvrir, et dedans nous avons vu une Dame assise comme çà (l'enfant s'assied, les coudes sur les genoux, la figure dans les mains), et nous avons eu peur, et Mélanie a dit : « Ah! mon Dieu! » et elle a laissé tomber son bâton, et je lui ai dit : « Garde ton bâton, va, moi je garde le mien, *s'il* nous fait quelque chose, je lui donne un bon coup de bâton (l'enfant sourit en racontant cette circonstance), et la Dame s'est levée, a croisé les bras et nous a dit : « Avancez, mes enfants, n'ayez pas peur ; je suis ici pour vous conter une grande nouvelle. » Et nous n'avons plus eu peur ; *puis nous* sommes avancés, avons passé le ruisseau, et la Dame s'est avancée vers nous autres à quelques pas de l'endroit où elle s'était assise, et elle nous a dit :

« Si mon peuple ne veut pas se soumettre, je suis forcée de laisser aller le bras de mon Fils ; il est si lourd et si pesant que je ne puis plus le retenir. Depuis le temps que je souffre pour vous autres ! Si je veux que mon Fils ne vous abandonne pas, je suis chargée de le prier sans cesse pour vous autres, qui n'en faites pas cas. *J'ai donné six jours pour travailler, je me suis réservé le septième, et on ne veut pas me l'accorder.* C'est ça qui appesantit tant le bras de mon Fils. Aussi ceux qui mènent les charrettes ne savent plus jurer sans y mettre le nom de mon Fils. Ce sont les deux choses qui appesantissent tant le bras de mon Fils

» Si la récolte se gâte, ce n'est rien que pour vous autres. Je vous l'ai fait voir l'année dernière par la récolte des pommes de terre ; vous n'en aviez pas fait cas ; c'est au contraire, quand vous en trouviez de gâtées, vous juriez, vous mettiez le nom de mon Fils ; elles vont continuer à pourrir, et à Noël, il n'y en aura plus. »

» Mélanie ne comprenait pas bien et commençait à me demander ce que c'était ; de suite la Dame répondit :

« Ah ! vous ne comprenez pas le français, mes enfants, attendez *que* je vais vous le dire autrement (et elle nous parla en patois) :

« Si la récolte se gâte, ce n'est rien que pour vous autres, je vous l'ai fait voir l'an passé par les pommes de terre ; vous n'en avez pas fait cas ; c'était, au contraire, quand vous en trouviez de gâtées, vous juriez, vous mettiez le nom de mon Fils ; elles vont continuer, que pour la Noël, il n'y en aura plus.

» Que celui qui a du blé ne le sème pas ; que les bêtes le mange-ront ; s'il en vient quelques plantes, en le battant, il tombera tout en poussière.

» Il va venir une grande famine ; avant que la famine vienne, les petits enfants, au-dessous de sept ans, prendront un tremblement, mourront entre les bras des personnes qui les tiendront, et les grands feront leur pénitence par la faim ; les raisins pourriront, et les noix deviendront mauvaises.

» S'ils se convertissent, les pierres, les rochers se changeront en blé ; les pommes de terre se trouveront ensemencées par la terre. »

(Puis elle nous a dit) : Faites-vous bien votre prière, mes enfants?

(Tous deux nous répondîmes) : Oh ! non, Madame, pas guère, (et elle nous dit) :

« Ah ! mes enfants, il faut bien la faire soir et matin ; quand vous n'aurez pas le temps, dire seulement un *Pater* et un *Ave Maria*, et quand vous aurez le temps, en dire davantage.

» Il ne va que quelques femmes un peu âgées à la messe, et les autres travaillent tout l'été ; et puis, ils vont l'hiver à la messe rien que pour se moquer de la religion, ils vont à la boucherie comme des chiens. »

(Ensuite elle a dit) : « N'avez-vous jamais vu du blé gâté, mes petits ? »

(Je répondis) : « Oh ! non, Madame, nous n'en avons jamais vu. »

(Alors elle m'a dit) :

« Mais toi, mon enfant, tu dois bien avoir vu une fois vers le *coin* avec ton père ; *que* l'homme de la pièce dit à ton père : Venez voir mon blé gâté? Vous y allâtes ; il prit deux ou trois épis dans sa main, et puis il les frotta, et puis tout tomba en poussière ; et puis en vous en retournant, quand vous n'étiez plus qu'à demi-heure de Corps, ton père te donna un morceau de pain, en te disant : Tiens, mon petit ; *que* je ne sais pas qui en va manger l'an qui vient.

(Je lui répondis) : « C'est bien vrai, Madame, je ne m'en rappe-lais pas. »

(Après cela, elle nous a dit en français) : « Eh bien! mes enfants, vous le ferez passer à tout mon peuple. »

» Puis elle a passé le ruisseau, et à deux pas du ruisseau, sans se retourner vers nous, elle nous a dit encore : « Eh bien! mes enfants, vous le ferez passer à tout mon peuple. »

» Puis elle est montée une quinzaine de pas, en glissant sur l'herbe, comme si elle était suspendue et qu'on la poussât; ses pieds ne touchait que le bout de l'herbe; nous la suivîmes sur la hauteur; Mélanie a passé par-devant la Dame, et moi, à côté, à deux ou trois pas.

» Avant de disparaître, cette belle Dame s'est élevée comme ça (Maximin désigne une hauteur de 1 mètre 50), elle resta ainsi suspendue en l'air, un moment; puis nous ne vîmes plus la tête, puis les bras, puis le reste du corps; elle semblait se fondre. Et puis il resta une grande clarté que je voulais attraper avec la main, avec les fleurs qu'elle avait à ses pieds; mais il n'y eut plus rien.

» Et Mélanie me dit : Ce doit être une grande sainte, et je lui dis : Si nous avions su que c'était une grande sainte, nous lui aurions dit de nous mener avec elle.

» Après, nous étions bien contents, et nous avons parlé de tout ce que nous avions vu, et puis nous avons été garder nos vaches.

» Le soir, en arrivant chez nos maîtres, j'étais un peu *triste;* et comme il me demandait ce que j'avais, je leur racontai tout ce que cette Dame nous avait dit. »

No III.

Déclaration de Baptiste Pra, propriétaire aux Ablandins, hameau de la Salette.

« Je soussigné, Baptiste Pra, cultivateur, domicilié au hameau des Ablandins, commune de la Salette, canton de Corps (Isère), déclare que Mélanie Mathieu est entrée à mon service dans le mois de mars 1846, et qu'elle y est restée, au hameau des Ablandins, jusqu'au commencement de décembre de la même année. Pendant les six jours que le petit Maximin Giraud, de Corps, a gardé les vaches de Pierre Selme, mon voisin, dont le berger était malade, je ne me suis pas aperçu que ces enfants se connussent. Ils ont pu cependant se rencontrer, soit dans mon champ, qui est à côté de celui de Pierre Selme, soit en faisant boire leur troupeau sur le versant nord de la montagne *aux Baisses.* Le samedi 19 septembre 1846, ils vinrent tous les deux me raconter ce qu'ils avaient vu et entendu sur ce plateau. Le lendemain ils allèrent ensemble chez M. le curé de la Salette, qui, le même jour, à la messe, en fit part en chaire à ses paroissiens. Le petit Maximin est, le même jour, retourné à Corps. Il n'est plus revenu dans notre hameau. La petite Mélanie y est restée, et elle a, depuis lors, été interrogée par un grand nombre de personnes.

» En foi de quoi j'ai signé le présent, que je déclare contenir vérité. — Fait au hameau des Ablandins, le 28 septembre 1847. J'ajoute, avant de signer, que les premiers jours je n'ai point ajouté foi au récit des enfants, et j'ai plusieurs fois engagé la petite Mélanie à recevoir l'argent qu'on lui offrait pour qu'elle gardât le silence. Cet enfant a constamment refusé l'argent qu'on lui présentait ; elle a toujours résisté aux menaces comme aux promesses de récompense. Le maire de la Salette, entre autres, a employé vainement toute espèce de moyens pour mettre la petite en contradiction avec elle-même; il n'a pu y parvenir. Il lui a ensuite offert de l'argent ; elle l'a refusé, elle a répondu à ses menaces, que toujours elle répéterait partout ce que la sainte Vierge lui avait dit. — Le maire de la Salette l'a interrogée pendant une heure, le dimanche 20 septembre 1846. Fait au hameau des Ablandins, le 28 septembre 1847.

» JEAN-BAPTISTE PRA. »

« Je déclare, d'après la connaissance que j'en ai d'ailleurs, que la présente attestation de Baptiste Pra, bon catholique, digne de foi, est conforme à la vérité.

» La Salette-Fallavaux, 27 novembre 1847.

» PERRIN, Curé. »

Nº IV.

Déclaration de Pierre Selme, cultivateur, domicilié aux Ablandins, hameau de la Salette.

« Je soussigné, Pierre Selme, cultivateur, domicilié aux Ablandins, commune de la Salette, canton de Corps (Isère), certifie les faits suivants :

» Le dimanche, 13 septembre 1846, je suis allé à Corps pour y chercher un petit garçon qui pût garder mon troupeau de vaches. Le berger qui était au service chez moi était tombé malade depuis plusieurs jours. N'ayant pu en trouver, je m'adressai à un de mes amis, le père Giraud, charron à Corps, et je le priai de me confier son fils pendant une huitaine de jours. Il s'y refusa d'abord, et finit par céder à mes instances. Le père Giraud avait envoyé son fils Maximin, communément appelé Germain ou Mémin, à Saint-Julien, pour faire une

commission auprès du sieur Vieux. Celui-ci, voyant cet enfant arriver chez lui à la tombée de la nuit, ne voulut pas le laisser partir et
le fit coucher chez lui. J'allai l'y chercher le lendemain lundi, 14 du
même mois, à trois heures du matin, et l'emmenai aux Ablandins.
Cet enfant est allé, le jour même et les jours suivants, garder nos
quatre vaches dans le champ que j'ai sur le versant du midi de la
montagne *aux Baisses*, à peu de distance de la croix dernièrement
plantée au sommet de cette montagne. Des propriétés privées s'é-
tendent sur tout ce versant. La commune de la Salette possède en
propriété le plateau qui est sur le versant du nord, et sur lequel se
sont passés les événements dont parlent Maximin Giraud et Mélanie
Mathieu. Comme je craignais que le petit Maximin ne surveillât pas
avec assez de soin mes vaches qui pouvaient facilement se précipiter
dans les nombreux ravins de la montagne, je suis allé moi-même
travailler à ce champ les lundi, 14 du même mois, mardi, mercredi
et vendredi de la même semaine. Je déclare que, pendant tous ces
jours-là, je n'ai pas perdu un instant de vue le petit garçon, m'étant
facile de le voir à quelque endroit de mon champ qu'il se tînt, parce
qu'il ne s'y rencontre aucun monticule. Je dois seulement ajouter
que le premier jour, lundi, je le menai sur le plateau dont je viens
de parler, pour lui indiquer une petite source où il devait faire boire
mes vaches. Il les y menait tous les jours à midi, et il revenait immédiatement se replacer sous ma surveillance.

» Le vendredi 18, je le vis s'amuser avec la petite Mélanie Mathieu, qui gardait les vaches de Baptiste Pra, mon voisin, dont le
champ touche le mien. J'ignore si cet enfant la connaissait avant de
venir chez moi, ou s'il a fait sa connaissance au hameau des Ablandins. Je ne les y ai jamais vus ensemble. Ils se rendaient tous les
deux de grand matin dans leurs champs, ne revenaient que le soir et
allaient se coucher après avoir mangé leur soupe. Le samedi 19 septembre, je retournai à mon champ, comme d'habitude, avec le petit
Maximin. Vers les onze heures, onze heures et demie du matin, je
lui dis de mener mes vaches à la fontaine, sur le plateau situé sur
le versant nord de la montagne. Cet enfant me dit alors : « Je vais
appeler la petite Mélanie Mathieu, pour y aller ensemble. » Ce jour-
là, il ne revint pas me trouver dans mon champ, après avoir fait boire
mes vaches. Je ne le revis que le soir à la maison, lorsqu'il les re-
conduisait à l'étable. Je lui dis alors : « Eh bien! Maximin, tu n'es
pas revenu me trouver dans mon champ. — Oh! me dit-il, vous ne
savez pas ce qui est arrivé? — Et qu'est-ce donc qui est arrivé? » lui
demandai-je, et il m'a répondu : « Nous avons trouvé près du ruisseau une belle Dame *qui nous a amusés* longtemps et qui nous a fait
deviser avec Mélanie; j'ai eu peur d'abord; je n'osais pas aller chercher mon pain qui était près d'elle, mais elle nous a dit : « N'ayez

pas peur, mes enfants, approchez ; je suis ici pour vous annoncer une grande nouvelle. » Et cet enfant me fit alors le récit qu'il a répété depuis à tous ceux qui l'ont interrogé. Le lendemain matin, nous envoyâmes, les voisins et moi, les deux enfants chez M. le curé de la Salette, qui, le même jour, à la messe, fit part à ses paroissiens de ce qu'ils avaient vu et entendu. C'est ce que mes voisins m'ont rapporté, car je n'ai point assisté à la messe à la Salette ; mais j'ai ramené le petit Maximin chez son père, à Corps, comme je le lui avais promis. Cet enfant n'est plus revenu dans notre hameau, où la petite Mélanie est continuellement restée jusqu'au commencement du mois de décembre. Il ne faisait que le traverser, lorsqu'il allait accompagner les nombreux pèlerins qui se rendaient sur la montagne. Je déclare en outre que, dans ma conviction, les enfants, en racontant ce qu'ils disent avoir vu et entendu, ne récitent pas une leçon qu'ils auraient apprise. Pendant les quatre jours et demi que le petit garçon a gardé mes vaches, et pendant lesquels je ne l'ai pas perdu de vue, je n'ai vu ni prêtre, ni laïque, s'approcher de lui pour l'entretenir. La petite Mélanie est allée plusieurs fois garder les vaches dans les champs de son maître, pendant que Maximin était avec moi. Je l'ai vue constamment seule, et si quelqu'un était venu lui parler, je m'en serais constamment aperçu, parce que mon champ et celui de Baptiste Prat sont situés l'un à côté de l'autre, sur le même flanc de la montagne, qu'ils présentent tous les deux une surface plane, et qu'il suffit dès lors de se tenir debout pour les dominer entièrement et pour en apercevoir toutes les parties. — Je pourrais vous donner encore d'autres détails sur ces enfants ; mais il serait inutile de les rapporter ici, parce qu'ils sont depuis longtemps de notoriété publique. — En foi de quoi j'ai signé le présent que je déclare contenir vérité.

» Fait au hameau des Ablandins, le 28 septembre 1847.

» PIERRE SELME. »

« J'ajoute qu'un des jours de la semaine que le petit Maximin est resté avec moi, il est allé garder mes vaches au champ dit *Babou* ; il n'est pas resté seul ce jour-là, mais il a été surveillé, comme les autres jours, par ma femme ou par moi.

» PIERRE SELME. »

« Je déclare que la présente attestation de Pierre Selme, homme digne de foi, est en tout conforme à l'exacte vérité. Les détails qu'elle renferme sont parfaitement en rapport avec ceux que d'autres personnes m'avaient donnés auparavant.

» La Salette-Fallavaux, 27 novembre 1847.

» PERRIN, *Curé*. »

No V.

Copie de la Relation écrite par Jean-Baptiste Pra, le 20 septembre 1846, le lendemain de l'apparition, certifiée conforme à l'original, par M. Lagier, curé de Saint-Pierre de Chérennes.

Lettre dictée par la sainte Vierge à deux enfants sur la montagne de la Salette-Fallavaux.

« Avancez, mes enfants, n'ayez pas peur ; je suis ici pour vous conter une grande nouvelle : Si mon peuple ne veut pas se soumettre, je suis forcée à laisser aller la main de mon Fils ; *il est si forte et si pesante* que je ne peux plus la maintenir ; depuis le temps que je souffre pour vous autres, si je veux que mon fils ne vous abandonne pas, je suis chargée de le prier sans cesse moi-même, pour vous autres vous n'en faites pas de cas, vous aurez beau faire, jamais vous ne pourrez récompenser la peine que j'ai *pris* pour vous autres.

» Je vous ai donné six jours pour travailler ; je me suis réservé le septième et on ne veut pas me l'accorder, c'est ça qui appesantit tant la main de mon Fils, et aussi ceux qui mènent les charrettes ne savent pas jurer sans mettre le nom de mon Fils au milieu, *c'est* les deux choses qui appesantissent tant la main de mon Fils.

» Si la récolte se gâte, ce n'est rien que pour vous autres, je vous l'avais fait voir l'année passée par les pommes.... mais vous n'aviez pas fait cas ; *que* c'était au contraire quand vous trouviez des pommes de terre gâtées, vous juriez et vous mettiez le nom de mon Fils au milieu.

» *Ils* vont continuer *que* cette année pour la Noël il *y* en aura plus. Vous ne comprenez pas, mes enfants, je m'en vais vous le dire autrement... Si vous avez du blé, il ne faut pas le semer, tout ce que vous sèmerez les bêtes le mangeront, et ce *qu'il* restera encore que les bêtes n'auront pas mangé, l'année qui vient en le battant tombera en poussière.

» Il viendra une grande famine ; avant que la famine arrive, les enfants au-dessous de sept ans prendront *un tremble, qui* mourront entre les mains des personnes qui les tiendront.

» Les autres feront pénitence *en* famine, les noix viendront boffes (1) et les raisins pourriront, et s'ils se convertissent les pierres et les rochers deviendront des amas de blé, et les pommes de terre seront ensemencées (*pour l'année qui vient*) (2). L'été *ne* va que quelques

_____

(1) *Boffes*, en patois de Corps, veut dire *gâtées*.
(2) Ainsi traduisit le bon Baptiste *Pra* ; cependant se défiant sans doute de lui-même, il mit ces quatre mots entre parenthèses.

femmes un peu vieilles à la messe le dimanche, et les autres travaillent, et l'hiver les garçons, lorsqu'ils ne savent pas que faire, *vont*
à la messe *que* pour se moquer de la religion. Le monde ne *font*
point de carême; ils vont à la boucherie comme les chiens. Faites-
vous bien votre prière, mes enfants? — Pas beaucoup, madame. —
Il faut bien la faire soir et matin, et dire au moins un *Pater* et un
Ave quand vous ne pourrez pas mieux faire.

» N'avez-vous point vu du blé gâté, mes enfants? — Non, madame.
— Mais, mon enfant, vous *en* devez bien avoir vu une fois que vous
étiez allé avec votre père au *couin qu'il* y avait un homme qui dit à
votre père de venir voir son blé qui était gâté; puis votre père y est
allé, et il prit quelques épis dans sa main, il les frotta et tom-
bèrent en poussière; puis en s'en retournant, comme ils étaient
encore une demi-heure loin de Corps, votre père vous donna un
morceau de pain et vous dit : « Tiens, mon enfant, mange encore
du pain cette année, *que* nous ne savons pas qui va en manger
l'année qui vient si ça continue comme ça.

» Allons, mes enfants, faites-le bien passer à tout mon peuple.

» Signé : PRA (BAPTISTE), J. MOUSSIER, SELME (PIERRE). »

« Pour copie conforme à l'original qui m'a été communiqué par
Pra, un des signataires, chez qui Mélanie était en service, et qui
m'a attesté avoir écrit la pièce ci-dessus le lendemain de l'apparition.

» Corps, le 28 février 1847.

» LAGIER, *Prêtre.* »

No VI.

Interrogatoire des enfants par le juge de paix de Corps.

Du 22 mai 1847.

Le juge de paix de Corps, assisté du greffier, a reçu la déclaration
suivante :

Mélanie Mathieu, âgée de quatorze ans, née à Corps, déclare :

En 1846, j'étais bergère du sieur *Pra*, dit *Carron*, propriétaire,
domicilié aux Ablandins, commune de la Salette-Fallavaux; un samedi du mois de septembre dernier, je gardais avec Maximin Giraud, berger de Selme, dudit lieu des Ablandins, sur la montagne
du hameau de Dorsières, appelé *Dessous-les-Baisses*. Nous abreu-
vâmes nos vaches dans un petit ruisseau, ensuite elles s'écar-
tèrent; nous goutâmes auprès du ruisseau et nous nous endor-
mîmes. Je me réveillai la première, et, n'apercevant pas nos vaches
couchées, je réveillai mon compagnon, je me dirigeai la première

sur le coteau : Maximin me suivit. Là nous aperçûmes nos vaches couchées; nous redescendîmes au lieu où nous avions goûté; il faisait soleil, j'étais encore la première; c'était alors deux ou trois heures après midi, lorsque j'aperçus moi-même une clarté à deux ou trois pas du lieu où nous avions dormi. Je dis à Maximin : « Vois une clarté. » Il me demanda où elle était; je la lui indiquai avec le doigt, et il la vit comme moi; nous en étions distants de *sept à huit pas*. En la fixant, nous aperçûmes peu à peu qu'il y avait une Dame dans cette clarté, assise sur une pierre plate supportée par d'autres; son corps était penché en avant, ses coudes reposaient sur ses genoux, et sa tête était appuyée sur ses deux mains; elle était tournée vers nous. Pendant que nous continuions de la fixer, la Dame se leva, fit quelques pas pour venir à nous et nous dit :

» *Avancez, mes enfants, n'ayez pas peur, je suis ici pour vous conter une grande nouvelle.* Nous avançâmes et nous nous rencontrâmes au lieu où nous avions dormi, et là elle nous dit :

» Si mon peuple ne veut pas se soumettre, je suis forcée de laisser aller la main de mon Fils; elle est si forte, si pesante, que je ne puis plus la maintenir. Depuis le temps que je souffre pour vous autres, si je veux que mon Fils ne vous abandonne pas, je suis *chargée* de le prier sans cesse; que pour vous autres vous *en* faites pas cas. Vous aurez beau prier, beau faire, que jamais vous ne pourrez récompenser la peine que j'ai prise pour vous autres. Je vous ai donné six jours pour travailler, je me suis réservé le septième; on ne veut pas me l'accorder : c'est ce qui appesantit tant la main de mon Fils; aussi, ceux qui mènent les charrettes ne savent pas jurer sans y mettre le nom de mon Fils au milieu : c'est les deux choses qui appesantissent tant la main de mon Fils; si la récolte se gâte, ce n'est rien que pour vous autres. Je vous l'ai fait voir l'année passée par les pommes de terre, vous n'en avez pas fait cas; c'était, au contraire, quand vous trouviez des pommes de terre gâtées, vous juriez et vous mettiez le nom de mon Fils au milieu; elles vont continuer cette année, et à la Noël il *y* en aura plus. » Ne comprenant pas ce qu'elle voulait dire par *pommes de terre*, j'étais sur le point de le demander à Maximin, quand la Dame dit : « Vous ne comprenez pas, mes enfants, je vais vous le dire autrement, » et, parlant le patois de Corps, elle nous dit :

« Si les truffes se gâtent, ce n'est rien que pour vous autres. Je vous l'ai fait voir l'an passé, vous n'en avez pas fait cas. C'était, au contraire, quand vous trouviez des truffes gâtées, vous juriez et vous y mettiez le nom de mon Fils au milieu; elles vont continuer, que cette année, à la Noël, il n'y en aura plus. Si vous avez du blé, il ne faut pas le semer; tout ce que vous sèmerez, les bêtes le mangeront; ce qui viendra tombera en poussière quand on le battra. — Viendra une grande famine; — avant que la famine vienne, les enfants au-dessous de sept ans prendront un tremble et mourront entre les mains des personnes qui les tiendront. Les autres feront leur pénitence de famine; les noix deviendront boffes (vermoulues) et les raisins pour-riront. S'ils se convertissent, les pierres et les rochers seront des monceaux de blé; les truffes seront ensemencées par les terres.

» Faites-vous bien votre prière, mes enfants? — Pas guère, Ma-dame. — Faut bien la faire, mes enfants; quand vous ne diriez qu'un *Pater* et un *Ave Maria*, soir et matin, quand vous ne pourrez pas mieux faire; quand vous pourrez mieux faire, il faut en dire davan-tage. — Il ne va que quelques femmes d'un peu d'âge à la messe, les autres travaillent tout l'été le dimanche; l'hiver, quand ils ne savent que faire, ils ne vont à la messe que pour se moquer de la religion; le carême ils vont à la boucherie comme les chiens.

» N'avez-vous pas vu du blé gâté, mes enfants? — Non, Madame. — Vous en devez bien avoir vu, vous, mon petit, une fois au coin, avec votre père, que le maître de la terre dit à votre père d'aller voir son blé gâté; vous y allâtes tous deux; vous prîtes deux ou trois épis dans vos mains, vous les frottâtes et tout tomba en poussière; vous vous en retournâtes. — Quand vous étiez encore à une demi-heure de Corps, votre père vous donna un peu de pain, et vous dit : — Tiens, mon petit, mange encore du pain cette année, je ne sais pas qui en mangera l'année prochaine, si le blé continue comme cela.

» Maximin répondit : — Oh! oui, Madame, je m'en ressouviens à présent; tout à l'heure je ne m'en rappelais pas. — Eh bien! vous le ferez passer à tout mon peuple. Ayant repassé la combe, la Dame redit encore : — Oh! bien, mes enfants, vous le ferez passer à tout mon peuple. » Vers le milieu de cette conversation, la Dame me dit un secret que je ne puis pas révéler.

Pressée de le déclarer, elle a persisté dans son refus.

La déclarante ajoute que la Dame monta sur le coteau où ils la suivirent : que là elle s'éleva à environ un mètre, et là, elle disparut insensiblement en commençant par la tête, il ne resta plus qu'une clarté qui disparut aussi. La Dame avait des souliers blancs entourés de roses de toutes couleurs, garnis d'une boucle jaune brillante; ses bas étaient jaunes; un fichu blanc, croisé devant et attaché derrière par les deux bouts; une grande coiffe élevée, blanche, entourée d'une couronne de roses de toutes couleurs; elle avait une petite chaîne au cou, au bout de laquelle était suspendue une croix à Christ jaune. Aux extrémités latérales de cette croix il y avait, d'un côté, un mar-teau, et de l'autre une tenaille; elle avait une autre grande chaîne sur les épaules, toutes deux étaient brillantes. En marchant elle ne faisait pas fléchir l'herbe.

Sur les questions à elle faites, la déclarante répond qu'elle n'a parlé à personne sur la montagne; que, rentrée chez son maître, elle a rentré ses vaches; que, pendant qu'elle était après les traire en présence de sa maîtresse, Maximin est survenu et a raconté ce qui s'était passé, et ma maîtresse m'ayant dit si c'était vrai, je lui confirmai. — Le lendemain, sur l'invitation de nos maîtres, nous fûmes la raconter au curé qui desservait alors la Salette, qui se mit à pleurer.

Maximin Giraud, né à Corps, âgé de onze ans, déclare :

Qu'il n'était pas précisément en service, qu'il était seulement allé passer huit jours chez *Pierre Selme père*, des Ablandins, pour garder ses vaches;

Que le lendemain de l'apparition il est rentré chez son père, sa huitaine était expirée, c'était un dimanche. Après ces déclarations, Maximin Giraud répète textuellement le récit de Mélanie Mathieu.

REMARQUES. Les deux enfants ont été entendus séparément.

On a expliqué à chacun qu'étant devant la justice il fallait dire toute la vérité, mais rien que la vérité.

Répondant qu'ils l'ont toujours dite, leur déclaration est débitée comme on réciterait une leçon; mais cela n'est pas étonnant : ils récitent si souvent et à tant de personnes qu'ils ont contracté l'habitude du récit.

Lettre de M. le Juge de Paix de Corps à M. le Procureur du Roi.

Corps, le 23 mai 1847.

Monsieur le Procureur du Roi,

J'ai l'honneur de vous adresser la déclaration faite des deux enfants qui ont annoncé l'apparition d'une Dame à eux inconnue dans un quartier de montagne de la Salette-Fallavaux, en septembre dernier. Ce récit ne diffère pour ainsi dire pas avec ce qu'ils ont raconté à leurs maîtres, en rentrant le soir du jour même de l'apparition. *S'il y a quelque différence, c'est dans les mots, mais le fond est le même;* c'est du moins ce que *Pierre Selme* m'a raconté.

Agréez, monsieur le Procureur du Roi, l'hommage de mon profond respect.

F. LONG, *suppléant.*

No VII.

M. le maire raconte dans la lettre suivante, qu'il écrivait à Mgr Villecourt, évêque de la Rochelle, le 2 octobre 1847, l'interrogatoire en forme qu'il fit subir aux deux bergers.

« Le 19 septembre 1846, je donnai ordre aux deux gardes champêtres de ma commune de convoquer le conseil municipal pour se réunir le lendemain, après la messe, à l'effet de délibérer sur plusieurs affaires de la commune. Le dimanche, de bon matin, l'un des gardes champêtres vient me dire que tous les membres du conseil municipal seront venus pour l'heure indiquée. Il me dit qu'il avait rencontré, avant d'entrer chez moi, deux enfants, qu'il leur avait demandé où ils allaient, et que ces deux enfants lui avaient répondu qu'ils allaient raconter à M. le curé que, le jour d'auparavant, vers les trois heures après midi, ils avaient vu sur la montagne une *belle Dame*, et qu'elle leur avait dit telle et telle chose. Le garde, paraissant un peu préoccupé de ce récit, me demanda ce que je pensais de cela. Je me mis à rire tout simplement, et je lui dis que c'était une bêtise de la part de ces enfants.

» Environ trois heures plus tard, je me rends à l'église pour entendre la sainte messe. Le moment du prône arrive ; M. le curé essaie de raconter à ses paroissiens le récit que ces enfants venaient de lui faire. Le cœur lui serre ; il ne peut que balbutier quelques mots, et personne n'y peut presque rien comprendre. Cependant moi, à qui le matin le garde champêtre avait commencé à donner quelque idée de la chose, je compris à peu près ce qu'avait voulu dire M. le curé.

» Cette affaire commença, dès ce moment, à préoccuper un peu mon esprit, et après le saint Sacrifice, je me rends à la mairie. Le conseil arrive en majorité : et au lieu de lui soumettre, dans le principe, ce qui faisait l'objet de la réunion, je dis : Y aurait-il quelqu'un parmi vous, Messieurs, qui pût savoir ce qu'a voulu dire M. le curé au prône ? Tous me répondent : Non.

» Cependant, un instant après, un membre du conseil, qui est du hameau des Ablandins, et le plus près voisin des maîtres de ces enfants, me dit : « J'entendis dire, hier soir, par mes voisins, que les bergers avaient vu sur la montagne une Dame d'une tenue extraordinaire, et qu'elle leur avait dit telle et telle chose. C'est sans doute à quoi a voulu faire allusion M. le curé : parce qu'on a dit que ces deux enfants sont venus le trouver ce matin pour lui raconter la chose. »

» Tous les membres du conseil me parurent ne mettre aucune importance à cela.

» L'assemblée s'occupe ensuite de ses affaires, après quoi la séance est levée.

» Je rentre chez moi, toujours l'esprit un peu préoccupé de cette affaire, et sans faire part d'aucune chose à ma famille, l'idée me vient d'aller interroger les enfants. Je me nantis d'une somme de 40 fr., et je me dirige vers le hameau des Ablandins, à un kilomètre et demi de distance de chez moi ; j'arrive, et je trouve les deux enfants ; je fais d'abord parler la petite Mélanie, et je fais mettre Maximin au secret.

Elle me fait son récit; je l'écoute sans l'interrompre, et quand elle a fini, je lui dis : « Fais bien attention, ma petite, de ne rien dire ni de plus, ni de moins. » Elle me répond : « J'ai dit tout ce que cette Dame a recommandé de dire. »

» Alors je fis venir le petit Maximin, et je fis mettre à son tour Mélanie au secret. Même récit et même réponse. Je fis alors venir Mélanie en présence de Maximin; je commençai par employer la douceur, en leur disant que ce qu'ils racontaient n'était qu'un pur mensonge, et que Dieu allait les punir sévèrement, s'ils continuaient à faire ce récit; que je leur conseillais, dans leur propre intérêt, de dire que ce qu'ils avaient avancé était faux, et qu'ils y avaient été excités par quelques motifs. J'en mis quelques-uns en avant. Je leur présentai alors mes 40 fr., leur disant que s'ils voulaient m'en croire, je leur donnais cette somme; à cela ils répondirent *qu'ils faisaient peu de cas de mon argent;* puis ils ajoutèrent : *Vous nous donneriez cette maison pleine d'argent pour nous faire dire le contraire de ce que nous avons vu et entendu, que nous n'en ferions rien.*

» Alors, voyant la fermeté de ces deux enfants, je me mis à leur faire des menaces, soit de la prison, soit d'autres châtiments; à cela ils répondirent que *toutes mes menaces ne leur faisaient pas plus de peur que mon argent ne leur faisait de plaisir.*

» Le dimanche suivant, 27 septembre, je me fis conduire, accompagné de quelques personnes, par les enfants, sur le lieu de l'apparition. Là, je leur fais de nouvelles questions; je les fais mettre de la même manière et dans la même position qu'ils étaient quand ils s'endormirent, qu'ils s'éveillèrent, qu'ils furent chercher leurs vaches, qu'ils virent, selon leur expression, la belle Dame; qu'elle leur dit : *Avancez, mes petits enfants, je veux vous annoncer une grande nouvelle.* Et enfin je leur fis parcourir le chemin à plusieurs reprises, depuis le lieu de l'apparition, jusqu'au lieu de l'ascension; *et leur récit fut le même de point en point que celui qu'ils avaient fait le dimanche précédent, et le même qu'ils font aujourd'hui.*

» Je me dispense de le transmettre à votre Grandeur, sachant qu'elle le connaît déjà parfaitement. J'ai l'honneur, etc.

» Signé : PEYTARD, maire de la Salette. »

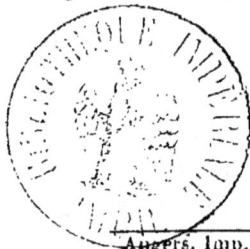

Angers, Imp. Cosnier et Lachèse.

www.ingramcontent.com/pod-product-compliance
Lightning Source LLC
Chambersburg PA
CBHW051731090426
42738CB00010B/2207